実用フランス語技能検定試験

長崎外国語大学 名誉教授
阿南婦美代 著

仏検対策
聴く力
演習

CD付

3級

駿河台出版社

まえがき

　フランス語は、音から入って学ぶ方がよい言葉と言われています。フランス語の聞き取り・書き取りが苦手な人が多いようですが、フランス語の音は、はっきりと発音されますから、音を聞き取ることはそれほど難しくはありません。難しく思えるのは、**音と綴り字の関係**です。それも規則を覚えてしまえば、あまり難しいものではありません。では、規則を覚えるのはどうしたらよいでしょうか。それにはやはり、聞いたり書いたりの練習を繰り返すことです。

　仏検3級から、聞き取り問題に、**部分書き取りの問題が加わり**ます。
　本書では、ポイントをしぼって練習することで、フランス語の聞き取り・書き取りの力を着実につけていけるように工夫しています。例えば、アクサンのついた文字などは、はじめは忘れがちです。複母音字と音の関係の規則も頭では覚えていても、いざ聞き取り・書き取りとなると間違ってしまうかもしれません。リエゾン・アンシェヌマンのような音のつながりの現象にも慣れる必要があります。発音されない文字がありますから、文法的な知識も必要です。また日本人にとって、聞き取りの難しい音には日頃からの注意が必要です。

　この参考書では、これら聞き取り・書き取りのために注意すべき点を整理して覚えていけるように、問題が作成されています。また、聞き取り・書き取り練習をしながら、対話文のみではなく、物語文、報道文、手紙文等、種々の文体にも慣れていっていただきたいと思います。初級レベルでは、**語彙を増やす**ことも大切ですので、巻末に、**覚えておきたい形容詞のリスト**と、**動詞のリスト**を付けました。どの程度知っているかチェックしてみてください。

　この参考書は仏検受験希望者はもとより、フランス語を学んでいる皆さんの聞き取り・書き取りの力をつける練習帳としてお使いいただきたいと思います。練習問題は何度でも繰り返し利用してください。CDを聞いて、書き取り用、聞き取り用に使うだけでなく、内容理解にも使ってください。

　最後になりましたが、仏検の問題の使用を快く許可してくださった「公益財

団法人フランス語教育振興協会」にお礼申し上げます。

　この参考書がコミュニケーションのためのフランス語の力をつけようと思っている皆さんのお役に立てば幸いです。

阿南婦美代

目　　次

まえがき
聞き取り解答用紙（雛形）

第 1 章　部分書き取り ……………………………………………… 8
　1　チェックポイントをしぼった書き取り
　問題　①　綴り字と音が同じもの ………………………………… 9
　　　　②　気を付けたい綴り字記号 …………………………… 11
　　　　③　複母音字と音の関連 ………………………………… 13
　　　　④　複母音字と音の関連 ………………………………… 15
　　　　⑤　鼻母音の聞き取りと綴り字 ………………………… 17
　　　　⑥　半母音の聞き取りと綴り字 ………………………… 19
　　　　⑦　発音されない語末の子音字 ………………………… 21
　　　　⑧　注意したい子音の綴り字 …………………………… 23
　　　　⑨　脱落性の e、リエゾン、アンシェヌマン ………… 25
　　　　⑩　子音の同化現象 ……………………………………… 27
　2　仏検タイプの書き取り
　　書き取りについての一般的注意 ………………………………… 29
　問題　⑪　対話文 − 1 ……………………………………………… 31
　　　　⑫　物語文 − 1 ……………………………………………… 33
　　　　　　（[e] [ɛ] の音と綴り字）…………………………… 34
　　　　⑬　物語文 − 2 ……………………………………………… 35
　　　　⑭　報道文 …………………………………………………… 37
　　　　⑮　対話文 − 2 ……………………………………………… 39
　3　聞きわけテスト ……………………………………………………… 41
　問題　①　[ã] と [ɛ̃] の聞きわけ
　　　　②　[b] と [v] の聞きわけ
　　　　③　[l] と [r] の聞きわけ

5

第2章　聞き取り ……………………………………………………… 44
　　問題 ① フランス語の文に合う絵を選ぶ問題 …………………… 45
　　　　 ② フランス語の文に合う絵を選ぶ問題 …………………… 47
　　　　 ③ フランス語の文に合う絵を選ぶ問題 …………………… 49
　　　　 ④ フランス語の文に合う絵を選ぶ問題 …………………… 51
　　　　 ⑤ フランス語の文に合う絵を選ぶ問題 …………………… 53
　　　　 ⑥ フランス語の文に合う絵を選ぶ問題 …………………… 55
　　　　 ⑦ 内容理解の問題（手紙文）…………………………………… 57
　　　　 ⑧ 内容理解の問題（対話文）…………………………………… 59
　　　　 ⑨ 内容理解の問題（対話文）…………………………………… 61

第3章　聞き取り模擬試験 …………………………………………… 63
　　模擬試験　第1回 ………………………………………………… 64
　　模擬試験　第1回解答と解説 …………………………………… 67
　　模擬試験　第2回 ………………………………………………… 70
　　模擬試験　第2回解答と解説 …………………………………… 73

3級で覚えておきたい表現・語彙・発音の規則
　　○日常会話でよく使われる表現 ………………………………… 78
　　○よく使われる疑問の表現 ……………………………………… 84
　　○音のつながりの規則 …………………………………………… 90
　　　（リエゾン、アンシェヌマン、子音の同化作用、脱落性の e）
　　○数詞・数の表し方 ……………………………………………… 93
　　○形容詞リスト …………………………………………………… 96
　　○動詞リスト ……………………………………………………… 99

・録音は原則一回のみです。必要に応じて繰り返してください。

実用フランス語技能検定試験（3級） 解答用紙

第1章 部分書き取り

1 チェックポイントをしぼった書き取り

　練習問題①〜⑩までは以下のように書き取りに際して、特に注意すべき点をしぼって練習していきます。

　仏検3級タイプの問題は、部分書き取りのチェックポイントに慣れてから練習問題⑪〜⑮で練習します。

練習問題とチェックポイント

① 綴り字と音が同じもの
② 気を付けたい綴り字記号（アクサンの付いた文字）
③ 複母音字と音の関連
④ 複母音字と音の関連
⑤ 鼻母音の聞き取りと綴り字
⑥ 半母音の聞き取りと綴り字
⑦ 発音されない語末の子音字
⑧ 注意したい子音の綴り字
⑨ 脱落性の e、リエゾン、アンシェヌマン
⑩ 子音の同化現象

練習問題 1 綴り字と音が同じもの

◎1
　フランス語文を聞いて下線部に入るフランス語を書いてください。

(1) Il va à la _____ .

(2) _____ on parle français.

(3) Ses parents _____ à Nice.

(4) Où est la _____ , s'il vous plaît ?

(5) Son _____ est médecin.

　＊ポイントをチェックしてから答を合せましょう。

ポイント

　問題 1 は綴り字と音が同じ単語が選んであります。フランス語では、単母音字 a、i、o はそのままローマ字読みで [a]、[i]、[o] と発音される場合がほとんどです。◎2

　例　ami, si, il, dos, bol, Philippe, Nadine

練習問題 1 　解答と解説

(1) plage　　(2) Ici　　(3) habitent　　(4) poste　　(5) mari

　(1)、(4)では発音されない e、(3)では発音されない動詞の活用語尾 -ent を書き忘れないように気を付けましょう。

(録音されているフランス語文) 🎧 1
(1) Il va à la plage.
(2) Ici on parle français.
(3) Ses parents habitent à Nice.
(4) Où est la poste, s'il vous plaît ?
(5) Son mari est médecin.

日本語訳
(1)　彼は浜辺に行きます。
(2)　ここでは、フランス語を話します。
(3)　彼（女）の両親はニースに住んでいます。
(4)　郵便局はどこですか？
(5)　彼女の夫は医者です。

練習問題 2　気を付けたい綴り字記号（アクサンの付いた文字）

◎3

フランス語文を聞いて下線部に入るフランス語を書いてください。

(1) Il est à l' _____ depuis hier.

(2) Tu _____ trop de choses.

(3) Je me _____ toujours à sept heures.

(4) Je suis _____ .

(5) Elle _____ à sa mère.

＊ポイントをチェックしてから答を合せましょう。

ポイント

フランス語の綴り字記号には次のものがあります。書き忘れに気を付けましょう。◎4

　　accent aigu (´), accent grave (`), accent circonflexe (ˆ)
　　tréma (¨), cédille (ç), apostrophe ('), trait d'union (-)
例　café, mère, âgé, allô, Noël, leçon, l'ami, rendez-vous

アクサンの付く理由は下記のようにいくつかあります。
— 発音上の理由で付く場合　：élève, rôle, grâce
— 語彙を区別する目的で付く場合　：où / ou, a / à, dès / des, dû / du
— 消失した文字に代わる場合　：fête (feste), île (isle)

練習問題 2　解答と解説

(1) hôpital　(2) achètes　(3) lève　(4) thaïlandais　(5) a téléphoné

答のすべての単語に綴り字記号が含まれています。書き忘れていないか、注意してチェックしてください。

（録音されているフランス語文） 3
(1) Il est à l'hôpital depuis hier.
(2) Tu achètes trop de choses.
(3) Je me lève toujours à sept heures.
(4) Je suis thaïlandais.
(5) Elle a téléphoné à sa mère.

日本語訳
(1) 彼は昨日から病院にいます。
(2) あなたは物をたくさん買いすぎです。
(3) 私はいつも7時に起きます。
(4) 私はタイ人です。
(5) 彼女は彼女の母に電話しました。

練習問題 3 複母音字と音の関連

🎧 5

フランス語文を聞いて下線部に入るフランス語を書いてください。

(1) C'est une _____ à un étage.

(2) Il fait _____ aujourd'hui.

(3) Ils lisent leur _____.

(4) J'ai deux _____.

(5) Ils _____ travailler pour les examens.

＊ポイントをチェックしてから答を合せましょう。

☞ ポイント 🎧 6

発音記号	綴り字	例
[e] [ɛ]	ai ei	qu*ai* [ke]　　n*ei*ge [nɛʒ]
[φ] [œ]	eu œu	f*eu* [fφ]　　j*eu*ne [ʒœn]
[o] [ɔ]	au eau	c*au*se [koːz]　　b*eau* [bo]　　P*au*l [pɔl]
[u]	ou	t*ou*t [tu]　　v*ous* [vu]
[wa]	oi	v*oi*ture [vwatyːr]　　fr*oi*d [frwa]

練習問題 3　　解答と解説

(1) maison　(2) beau　(3) journal　(4) sœurs　(5) doivent

複母音字を含む単語です。次の点をチェックしましょう。
(1) 母音＋s＋母音では、s の発音は［z］になります。
(2) eau の発音は［o］です。
(3) ou の発音は［u］です。
(4) 語尾の複数の -s を忘れないようにしましょう。
(5) 動詞 devoir の活用です。全人称復習しておきましょう。

　　　je dois　　nous devons
　　　tu dois　　vous devez
　　　il doit　　ils doivent

（録音されているフランス語文） ◉5
(1) C'est une maison à un étage.
(2) Il fait beau aujourd'hui.
(3) Ils lisent leur journal.
(4) J'ai deux sœurs.
(5) Ils doivent travailler pour les examens.

日本語訳
(1) これは1階建ての家です。
(2) 今日は天気がいいです。
(3) 彼らは新聞を読んでいます。
(4) 私は姉妹が2人います。
(5) 彼らは試験のために勉強しないといけません。

練習問題 ④ 複母音字と音の関連

◎7

　フランス語文を聞いて下線部に入るフランス語を書いてください。

(1) Connaissez-vous le _____ de Versailles ?

(2) Il aime les _____ de Picasso.

(3) Philippe suit un _____ d'histoire.

(4) Mon père aime _____ ses vieux disques.

(5) Les feuilles _____ en automne.

メモ欄

練習問題 ④ 解答と解説

(1) château (2) tableaux (3) cours (4) écouter (5) jaunissent

(2)のように -eau で終わる単語の複数形は -x になります。

(5)は第 2 群規則動詞 jaunir の活用です。-ss の綴り字と音に注意しましょう。

(録音されているフランス語文) ◎7

(1) Connaissez-vous le château de Versailles ?
(2) Il aime les tableaux de Picasso.
(3) Philippe suit un cours d'histoire.
(4) Mon père aime écouter ses vieux disques.
(5) Les feuilles jaunissent en automne.

日本語訳
(1) ヴェルサイユ宮殿を知っていますか？
(2) 彼はピカソの絵が好きです。
(3) フィリップは歴史の授業を受けています。
(4) 私の父は古いレコードを聞くのが好きです。
(5) 木の葉は秋に黄色くなります。

練習問題 5　鼻母音の聞き取りと綴り字

◎8

フランス語文を聞いて下線部に入るフランス語を書いてください。

(1) Nous prenons du _____ au dîner.

(2) Elle n'a _____ compris.

(3) J'ai _____ un ami d'enfance.

(4) Nadine prend ses _____ en juillet.

(5) Elle est _____ dans un magasin.

＊ [ɑ̃] [ɛ̃] を注意して聞きましょう。

ポイント

フランス語の鼻母音を発音記号で表すと、[ɑ̃] [ɛ̃] [ɔ̃] [œ̃] の4つありますが、[œ̃] は現在では [ɛ̃] で発音されているので、実際は3つです。

音と綴り字の関連を確認しましょう。 ◎9

発音記号	綴り字	例
[ɑ̃]	an, am, en, em	fr*an*c, ch*am*p, *en*f*an*t, t*em*ps
[ɛ̃]	in, im, ym, yn in, ain, ein, eim	v*in*, s*im*ple, s*ym*bole, s*yn*dicat p*ain*, f*aim*, p*ein*tre, R*eim*s
[ɔ̃]	on, om	all*on*s, c*om*bien
[œ̃]	un, um	*un*, parf*um*

練習問題 ⑤　　**解答と解説**

(1) vin　　(2) rien　　(3) rencontré　　(4) vacances　　(5) vendeuse

鼻母音を含む単語です。音と綴り字の関連をチェックしましょう。

（録音されているフランス語文） 🎧 8
(1) Nous prenons du vin au dîner.
(2) Elle n'a rien compris.
(3) J'ai rencontré un ami d'enfance.
(4) Nadine prend ses vacances en juillet.
(5) Elle est vendeuse dans un magasin.

日本語訳
(1) 私たちは夕食にワインを飲みます。
(2) 彼女は何もわかっていません。
(3) 私は子供時代の友達に出会いました。
(4) ナディヌは7月にヴァカンスを取ります。
(5) 彼女はお店で店員をしています。

・[ɛ̃] / [ɑ̃] を注意して発音しましょう。
　　cinq / cent,　vin / vent,　plein / plan
・b, p の前では綴り字は m であることを覚えておきましょう。
　　champs,　impossible,　imbécile

練習問題 6　半母音の聞き取りと綴り字

🔘 10
　フランス語文を聞いて下線部に入るフランス語を書いてください。

(1) La _____ est bien équipée.

(2) Elle a eu le _____ prix au concours.

(3) J'ai cassé mon _____ photo.

(4) Il est midi _____ cinq. J'ai faim.

(5) J'ai mal au _____ depuis hier.

＊ポイントをチェックしてから答を合せましょう。

👉 ポイント

　フランス語には2重母音はありません。[i]、[y]、[u] の後に母音がくると、これらの母音は半母音 [j]、[ɥ]、[w] となります。🔘 11

発音記号	綴り字	例
[j]	i＋母音	c*ie*l, m*ieu*x, h*ie*r, n*iè*ce
[ɥ]	u＋母音	h*ui*t, s*ui*te, p*ui*s, n*ui*t
[w]	ou＋母音	L*oui*s, *ou*est, s*ouha*it
[aj]	-ail	trav*ail*
[ɛj]	-eil	par*eil*
[ij]	-ille	f*ille*

練習問題 6　　**解答と解説**

(1) cuisine　(2) premier　(3) appareil　(4) moins　(5) pied

半母音を含む単語です。ポイントを見て再度チェックしてください。

（録音されているフランス語文） 🔊 10
(1) La cuisine est bien équipée.
(2) Elle a eu le premier prix au concours.
(3) J'ai cassé mon appareil photo.
(4) Il est midi moins cinq. J'ai faim.
(5) J'ai mal au pied depuis hier.

日本語訳
(1) その台所は設備が整っている。
(2) 彼女はコンクールで1位になりました。
(3) 私は私のカメラを壊しました。
(4) 今正午5分前です。お腹がすきました。
(5) 私は昨日から足が痛いです。

練習問題 7　発音されない語末の子音字

🎧 12

　フランス語文を聞いて下線部に入るフランス語を書いてください。

(1) J'ai mal à _____.

(2) Asseyons-nous sur le _____.

(3) Voulez-vous six _____?

(4) Nous allons _____ au cinéma.

(5) Il arrive toujours en _____.

＊ポイントをチェックしてから答を合せましょう。

👉 ポイント

　フランス語の語末の子音字は原則として発音されません。書き取りのときは忘れないように注意しましょう。

　子音字hは文法的には**無音のh**と**有音のh**の区別がありますが、いずれも発音されません。いくつかの例をあげておきます。🎧 13

　　h muet（無音）：hier, hôtel, histoire
　　h aspiré（有音）：haricot, haut, héros

練習問題 7 解答と解説

(1) l'estomac　(2) banc　(3) œufs　(4) souvent　(5) retard

(3)の œuf の発音は単数では [f] が発音され [œf] ですが、複数では発音されず [ø] です。発音されない語末の子音字は書けていますか。

(録音されているフランス語文) 🎧 12
(1) J'ai mal à l'estomac.
(2) Asseyons-nous sur le banc.
(3) Voulez-vous six œufs ?
(4) Nous allons souvent au cinéma.
(5) Il arrive toujours en retard.

日本語訳
(1) 私は胃が痛いです。
(2) ベンチに座りましょう。
(3) 卵6個いりますか？
(4) 私たちはよく映画館に行きます。
(5) 彼はいつも遅れて来ます。

練習問題 8　注意したい子音の綴り字

◉ 14
　フランス語文を聞いて下線部に入るフランス語を書いてください。

(1) ＿＿＿＿＿＿＿＿＿＿＿＿＿＿＿＿ partez-vous en vacances ?

(2) J'aime bien les ＿＿＿＿＿＿＿＿＿＿＿＿＿＿＿＿ .

(3) J'achète une boîte de ＿＿＿＿＿＿＿＿＿＿＿＿＿＿＿＿ .

(4) Le paysage est ＿＿＿＿＿＿＿＿＿＿＿＿＿＿＿＿ .

(5) ＿＿＿＿＿＿＿＿＿＿＿＿＿＿＿＿ , s'il vous plaît.

☞ **ポイント**　◉ 15
　子音の綴り字で、特に気を付けるものを下にあげます。　◉ 15

発音記号	綴り字	例
[k]	qu + voyelle, ca, co, cu	é*qu*ipé, *ca*l*cu*l, *co*pie
[g]	ga, go, gu gu + voyelle	*ga*rage, *go*mme, *Gu*stave *gue*rre, *gui*de, *gué*ri, lan*gue*
[s]	ch	a*ch*eter, *ch*ambre, *ch*ocolat
[ɲ]	gn	monta*gn*e, campa*gn*e, ga*gn*er

2 重子音字の発音：フランス語では同じ子音が続いても発音は一度です。
　例　d'accord,　allemande,　arrêt,　attendre,　appartement,　rappeler,
　◉ 16　supprimer（ap- rap- sup- では p を重ねる場合が多い）

練習問題 8　解答と解説

(1) Quand　　(2) légumes　　(3) chocolats
(4) magnifique　　(5) L'addition

(5)の addition の d は 2 つ書けていますか。

（録音されているフランス語文）　⊙ 14

(1) Quand partez-vous en vacances ?
(2) J'aime bien les légumes.
(3) J'achète une boîte de chocolats.
(4) Le paysage est magnifique.
(5) L'addition, s'il vous plaît.

日本語訳
(1) いつヴァカンスに出かけますか？
(2) 私は野菜が好きです。
(3) 私はチョコレートを 1 箱買います。
(4) 景色は素晴らしいです。
(5) お勘定をお願いします。

練習問題 9　脱落性のe、リエゾン、アンシェヌマン

🎧 17

　フランス語文を聞いて下線部に入るフランス語を書いてください（1語とはかぎりません）。

(1) Il _____ une chemise bleue.

(2) Ma mère est occupée avec ses _____ .

(3) Ils sont rentrés _____ .

(4) Ce pain est très bon. _____ deux morceaux.

(5) Nous devons faire _____ sur le sport.

＊ポイントをチェックしてから答を合せましょう。

👉 ポイント

脱落性のe：リズム段落の中で、発音される子音が前に1つだけの場合、
　　　　　　eは発音されないという規則があります。　例　Je ne sais pas.
リエゾン：単独では発音されない語末の子音字が次の語頭の母音と一緒に
　　　　　なって発音される現象です。　例　deux amis
アンシェヌマン：もともと発音されている語末の子音が、次の語頭の母音
　　　　　　　　とつながって発音される現象です。　例　avec elle

練習問題 9 解答と解説

(1) va ach*e*ter (2) petits‿enfants (3) chez‿eux
(4) Prenez-en (5) un‿e͡nquête

発音されない e を *e* で、リエゾンを‿、アンシェヌマンを͡で示しています。リエゾン、アンシェヌマンは、どちらもひとつの単語のようにつながって発音されます。（音のつながりの規則は90頁も読んでください）。

（録音されているフランス語文） 🔘 17

(1) Il va acheter une chemise bleue.
(2) Ma mère est occupée avec ses petits enfants.
(3) Ils sont rentrés chez eux.
(4) Ce pain est très bon. Prenez-en deux morceaux.
(5) Nous devons faire une enquête sur le sport.

日本語訳
(1) 彼は青いシャツを買います。
(2) 私の母は孫たちの世話で忙しいです。
(3) 彼らは家に帰りました。
(4) このパンはとてもおいしいです。2切れどうぞ。
(5) 私たちはスポーツに関するアンケートをしなければなりません。

練習問題 10 子音の同化現象

◉ 18
フランス語文を聞いて下線部に入るフランス語を書いてください（1語とはかぎりません）。

(1) Je vais sortir _____.

(2) Il est _____ heures dix.

(3) Les _____ sont à la mode.

(4) À quelle heure _____?

(5) Je vais acheter une _____.

＊ポイントをチェックしてから答を合せましょう。

ポイント

　子音と子音が続く場合、同化現象により**有声子音の無声化、無声子音の有声化**が起こる場合があります。フランス語では後にくる子音が前の子音に変化を与えます。例えば médecin は［mɛdsɛ̃］と発音記号では書かれていますが、この d は非常に［t］に近い音で発音されます。詳しくは91頁を見てください。

練習問題 10　解答と解説

(1) ave̥c vous　(2) vingt̫-deux　(3) robes̥ courtes
(4) arrive-t-il̫　(5) boîte̫ de thon

　子音の同化現象で音が変ることに注意してください。有声子音の無声化が起こる箇所を小さな ˚ で、無声子音の有声化の起こる箇所を小さな ˇ で示しています。

(録音されているフランス語文)　◉ 18

(1) Je vais sortir avec vous.
(2) Il est vingt-deux heures dix.
(3) Les robes courtes sont à la mode.
(4) À quelle heure arrive-t-il ?
(5) Je vais acheter une boîte de thon.

日本語訳
(1) 私はあなたたちと一緒に出かけます。
(2) 今22時10分です。
(3) 短いドレスがはやっています。
(4) 彼は何時に着きますか？
(5) 私はツナ缶を買います。

2 仏検タイプの書き取り

練習問題⑪から⑮は仏検タイプの問題です。
練習の前にに下記の注意事項を読んでおいてください。

書き取りについての一般的注意

書き取りは普通3回読まれます。

— 1回目は普通の速さで読まれますから、内容を聞き取るようにします。
— 2回目はポーズをおいて読まれますから、このときに書き取ります。
— 3回目はまた普通の速さで読まれます。聞き取れなかったところを注意して聞き取ったり、聞き間違いがないか確認します。
— 読み終わってから、見直す時間が1分間ありますので、特に次の点に注意し、綴り字と文法上のチェックをしましょう。

チェックポイント

① 綴り字記号（アクサン）
② 発音されていない語末の子音字や母音のe
③ 動詞と主語の人称・数の一致
④ 名詞の単数・複数
⑤ 形容詞とかかる名詞・代名詞の性・数の一致
⑥ 過去分詞の一致

練習問題

① 対話文 − 1
② 物語文 − 1
③ 物語文 − 2
④ 報道文
⑤ 対話文 − 2

句読点

　部分書き取りでは句読点まで読まれませんが、一般の全文書き取りでは句読点が読まれます。フランス語の句読点の読み方にも、慣れておきましょう。

　句読点は文章の意味を正しく伝えるために大切です。句読点のうち方で、意味の変わる場合もあります。普段から文章を読むときに注意し、正しい使い方を覚えましょう。🎧19

.	le point	文章の終わりを示す
,	la virgule	１文中で単語や語群を分ける
;	le point-virgule	節や文章を分ける
:	les deux points	説明文や引用文の前で用いる
…	les points de suspension	文章が終わっていないことを示す
?	le point d'interrogation	疑問符
!	le point d'exclamation	感嘆符
( )	les parenthèses	文中で説明を加えるときに用いる
« »	les guillemets	引用を示したり、題を表す

練習問題 11　対話文－1

🔊 20

　部屋を探している学生同士の会話です。CDを聞いて(1)〜(5)の部分を解答欄に書き取ってください。それぞれの（　）内に入るのは1語とはかぎりません。

Jeanne : Salut, Pierre ! Ça va ?
Pierre : Ça ira mieux si je trouvais une chambre !
　　　　Dans quinze jours, c'est (　1　) et je ne sais toujours pas où je vais (　2　).
Jeanne : Ne (　3　) pas ! Tu sais, c'est la même chose pour moi. Je ne veux pas mettre plus de 200 euros et tout ce que j'ai (　4　) était bien plus cher.
Pierre : On pourrait peut-être louer un appartement ensemble !
Jeanne : Ça, c'est (　5　) !

[解答欄]

(1) _____

(2) _____

(3) _____

(4) _____

(5) _____

練習問題 11　解答と解説

(1) la rentrée　(2) habiter　(3) t'inquiète　(4) visité
(5) une bonne idée

　アクサンの記号はきちんと書けましたか。語末の発音されない子音字と母音のeは忘れていませんか。チェックしてください。

（録音されているフランス語文）　●20

Jeanne ： Salut, Pierre ! Ça va ?
Pierre ： Ça ira mieux si je trouvais une chambre !
　　　　　Dans quinze jours, c'est （la rentrée） et je ne sais toujours pas où je vais （habiter）.
Jeanne ： Ne （t'inquiète） pas ! Tu sais, c'est la même chose pour moi. Je ne veux pas mettre plus de 200 euros et tout ce que j'ai （visité） était bien plus cher.
Pierre ： On pourrait peut-être louer un appartement ensemble !
Jeanne ： Ça, c'est （une bonne idée） !

日本語訳
ジャンヌ：こんにちは、ピエール。元気？
ピエール：部屋が見つかるともっといいのだけど。2週間後に新学期が始まるのに、どこに住むかまだわかっていないんだよ。
ジャンヌ：心配しないで。私も同じよ。私は200ユーロ以上出したくないし、私が今までみたのは全部それより高いのよ。
ピエール：一緒にマンションを借りることもできるかもしれないね。
ジャンヌ：ああ、それはいい考えね。

　鼻母音［ɑ̃ / ɛ̃］の聞きわけテストが41頁にありますので、試してください。

練習問題 12　物語文－1

🎧 21

私が昨日の出来事を話しています。CDを聞いて(1)〜(5)の部分を解答欄に書き取ってください。それぞれの（　）内に入るのは1語とはかぎりません。

Hier, j'ai pris le métro pour aller à la gare Montparnasse. Je voulais réserver (　1　) de T.G.V.. J'ai regardé un plan puis j'ai acheté (　2　) de tickets. J'ai attendu sur le (　3　) une ou deux minutes. Je suis monté dans la dernière voiture. Je suis descendu à la station Concorde et (　4　) la correspondance pour Montparnasse. Je suis rapidement arrivé à la gare. Mais tous les (　5　) étaient fermés.

解答欄

(1)

(2)

(3)

(4)

(5)

練習問題 12 解答と解説

(1) un billet　(2) un carnet　(3) quai　(4) j'ai pris
(5) guichets

　単語はすべて［e］の音を含んでいます。下の表で音と綴り字を確認しましょう。

（録音されているフランス語文） ◎21

　Hier, j'ai pris le métro pour aller à la gare Montparnasse. Je voulais réserver（un billet）de T.G.V.. J'ai regardé un plan puis j'ai acheté（un carnet）de tickets. J'ai attendu sur le（quai）une ou deux minutes. Je suis monté dans la dernière voiture. Je suis descendu à la station Concorde et（j'ai pris）la correspondance pour Montparnasse. Je suis rapidement arrivé à la gare. Mais tous les（guichets）étaient fermés.

日本語訳
　昨日、モンパルナス駅に行くために地下鉄に乗りました。T.G.V.の切符を予約したかったのです。地図を見てから地下鉄の回数券を買いました。プラットホームで１、２分待ちました。最後の車両に乗りました。コンコルド駅で降り、モンパルナス行きに乗り換えました。すぐに駅に着きました。でも切符売り場の窓口は全部閉まっていました。

［e］の音と綴り字　◎22

- -ai　　：j'*ai*, qu*ai*　　　　　　・-é, -ée　：m*é*tro, arriv*ée*
- -er　　：all*er*　　　　　　　　　・-es　　　：l*es*
- -et　　：*et*, carn*et*, bill*et*, tick*et*, guich*et*
- -ez　　：av*ez*, n*ez*

練習問題 13　物語文－2

🎧 23

　私が自動車展示会に行ったことを話しています。CDを聞いて(1)〜(5)の部分を解答欄に書き取ってください。それぞれの（　）内に入るのは1語とはかぎりません。

Depuis (　1　), il y a le Salon de l'automobile à la Porte de Versailles. Comme je m'intéresse beaucoup aux voitures, j'y suis allée dès l'ouverture avec mes (　2　) et mes nouveaux (　3　).

　Il y avait des voitures de toutes les marques. Dans le (　4　) Toyota, j'en ai trouvé une qui me plaisait beaucoup. Elle n'était pas grande et de couleur (　5　) ; c'est une couleur que j'adore !

[解答欄]

(1) _____

(2) _____

(3) _____

(4) _____

(5) _____

練習問題 13 解答と解説

(1) vendredi dernier (2) beaux-parents (3) voisins
(4) stand (5) bleu vert

書き取り部分には [b] か [v] の音が含まれています。間違わずに書けましたか。
　(2)では beaux と parents の間に -(trait d'union) が必要です。
　(5)の bleu vert は複合形容詞として用いられていて、性・数は不変です。

(録音されているフランス語文) ◎23

　Depuis (vendredi dernier), il y a le Salon de l'automobile à la Porte de Versailles. Comme je m'intéresse beaucoup aux voitures, j'y suis allée dès l'ouverture avec mes (beaux-parents) et mes nouveaux (voisins).
　Il y avait des voitures de toutes les marques. Dans le (stand) Toyota, j'en ai trouvé une qui me plaisait beaucoup. Elle n'était pas grande et de couleur (bleu vert); c'est une couleur que j'adore !

日本語訳
　この前の金曜日から、ヴェルサイユ門で新車展示会が行われています。私は車にとても興味がありますので、私の義父母と新しい隣人達と一緒に展示会の初日から見に行きました。
　あらゆるメーカーの車がありました。トヨタのスタンドで、私は、とても気に入った車を一台見つけました。それは大きくはなく青緑色でした。私の好きな色です。

　[b]/[v] の聞き分けテストが41頁にあります。チェックしてみましょう。

練習問題 14 報道文

◎24

　フランスで盛んなスポーツについて述べています。CDを聞いて(1)〜(5)の部分を解答欄に書き取ってください。それぞれの（　　）内に入るのは1語とはかぎりません。

　Connaissez-vous les sports les plus （　1　） en France ?

　Ce sont le football et le rugby. Les plus （　2　） se jouent au Stade de France, dans la banlieue de Paris. Mais beaucoup de Français les （　3　） à la télévision.

　Il y a également le cyclisme, avec le Tour de France en été. Le dimanche, on voit des Français qui font （　4　） en famille.

　Il y a aussi des gens qui aiment la natation. À Paris, il existe （　5　） de piscines municipales couvertes.

[解答欄]

(1) _____

(2) _____

(3) _____

(4) _____

(5) _____

練習問題 14 解答と解説

(1) populaires　(2) grands matchs　(3) regardent
(4) du vélo　(5) une trentaine

　(1)、(2)の形容詞は、名詞に一致して複数形になります。
　(3)では、動詞の主語への一致にも気を付けましょう。
　(5)は、「約30の」という表現です。
　書き取り部分すべてに［l］［r］の音が含まれています。間違わずに書き取れましたか。

（録音されているフランス語文） ◉24

　Connaissez-vous les sports les plus (populaires) en France ?
　Ce sont le football et le rugby. Les plus (grands matchs) se jouent au Stade de France, dans la banlieue de Paris. Mais beaucoup de Français les (regardent) à la télévision.
　Il y a également le cyclisme, avec le Tour de France en été. Le dimanche, on voit des Français qui font (du vélo) en famille.
　Il y a aussi des gens qui aiment la natation. À Paris, il existe (une trentaine) de piscines municipales couvertes.

日本語訳
　フランスで最も人気のあるスポーツは何か知っていますか？
　それはサッカーとラグビーです、最も大きな試合はパリ郊外のフランススタジアムで行われます。でも多くのフランス人たちはそれらをテレビで見ています。
　また夏のトゥール・ド・フランスのような自転車競技もあります。日曜日には家族でサイクリングをしているフランス人たちもいます。
　水泳が好きな人々もいます。パリには屋内市営プールが約30ほどあります。

　［l］［r］の聞きわけテストが41頁にあります。チェックしてみましょう。

練習問題 15 対話文－2

🎧 25

ミレイユと書店員（libraire）の会話です。CDを聞いて(1)～(5)の部分を解答欄に書き取ってください。それぞれの（　）内に入るのは1語とはかぎりません。

Le libraire : Bonjour, madame.
Mireille　　：Bonjour. Je cherche un livre sur (　1　).
Le libraire : Regardez celui-ci. Il explique (　2　). C'est très intéressant.
Mireille　　：Oui, mais c'est un peu trop sérieux.
Le libraire : Alors, je vais vous (　3　) ce livre-là. Tenez, le (　4　).
Mireille　　：Merci. Oh, les photos sont (　5　) ! Bon, je le prends.

[解答欄]

(1) _____

(2) _____

(3) _____

(4) _____

(5) _____

練習問題 15 解答と解説

(1) les avions　(2) tout　(3) montrer　(4) voici　(5) belles

(1)はリエゾンに注意しましょう。
(2)は不定代名詞です。発音されない t を書き忘れないようにしましょう。
(3)近接未来ですから動詞 montrer は不定法の形になります。
(4)代名詞が前にくる語順にも注意しましょう。
(5) les photos が女性複数ですので、形容詞も一致して女性複数形にします。

（録音されているフランス語文） 🎧 25

Le libraire ：Bonjour, madame.
Mireille　　：Bonjour. Je cherche un livre sur (les avions).
Le libraire ：Regardez celui-ci. Il explique (tout). C'est très intéressant.
Mireille　　：Oui, mais c'est un peu trop sérieux.
Le libraire ：Alors, je vais vous (montrer) ce livre-là. Tenez, le (voici).
Mireille　　：Merci. Oh, les photos sont (belles) ! Bon, je le prends.

日本語訳

書店員　：こんにちは、奥さん。
ミレイユ：こんにちは。私は飛行機についての本を探しています。
書店員　：これを見てください。この本はすべてを説明しています。とてもおもしろいですよ。
ミレイユ：ええ、でもちょっと真面目すぎますね。
書店員　：ではこちらの本はどうでしょうか、どうぞ、これです。
ミレイユ：ありがとう。ああ、写真がきれいですね。それではこれにします。

3 聞きわけテスト

日本人にとって注意すべき音の聞き取り練習をしましょう。

1 [ã] と [ɛ̃] の聞きわけ ◎26

[ã] の音を含む単語は上段に、[ɛ̃] の音を含む単語は下段に×印を入れましょう。

	1	2	3	4	5	6	7	8	9	10
[ã]										
[ɛ̃]										

2 [b] と [v] の聞きわけ ◎27

[b] の音を含む単語は上段に、[v] の音を含む単語は下段に×印を入れましょう。

	1	2	3	4	5	6	7	8	9	10
[b]										
[v]										

[b] は両唇で作る破裂音、[v] は上の歯と下唇で作る摩擦音です。

3 [l] と [r] の聞きわけ ◎28

[l] の音を含む単語は上段に、[r] の音を含む単語は下段に×印を入れましょう。

	1	2	3	4	5	6	7	8	9	10
[l]										
[r]										

聞きわけテスト解答

1 ◎26

	1	2	3	4	5	6	7	8	9	10
[ã]	×	×			×	×	×		×	
[ɛ̃]			×	×				×		×

(録音されている単語)

1 blanc   2 content   3 pain   4 fin   5 pensée
6 encore   7 dent   8 cinq   9 sans 10 mince

2 ◎27

	1	2	3	4	5	6	7	8	9	10
[b]			×	×		×	×	×	×	
[v]	×	×			×					×

(録音されている単語)

1 vacance(s)   2 Vincent   3 bol   4 bulle
5 invitation   6 boisson   7 bouteille 8 célèbre
9 baignoire   10 couvert

3 ◎28

	1	2	3	4	5	6	7	8	9	10
[l]	×	×					×			
[r]			×	×	×	×		×	×	×

(録音されている単語)

1	lit	2	long	3	rire	4	après	5	rue
6	rien	7	loi	8	reine	9	court	10	pour

第2章 | 聞き取り

　仏検3級の聞き取り問題は2問あります。

　1問目はフランス語の文を聞き取り、それにもっとも合う絵を選ぶ問題です。基本的な語彙を理解していて、それが聞き取れるかどうかを知る問題ですが、フランス語の文章は短く簡単です。以前は文章と絵の数が同じでしたが、その後、文章に対する絵の数が増え、2005年から文章は5で、絵の数が9枚になっています。絵を見る練習もしていきましょう。種々の場面で使われる簡単な文を覚えておくとよいでしょう。また、基本の動詞や形容詞・場所を表す前置詞（句）もチェックしておきましょう。

　2問目は内容理解の問題です。
　会話や手紙文等を聞いて、問題に書かれている日本語の文が内容に合うか合わないかを番号①、②で答える問題です。日本語文もヒントになります。この種の聞き取り練習をして、問題に慣れることも大切でしょう。

①〜⑥　状況に合う絵を選ぶ問題
⑦〜⑨　内容理解の問題

1 フランス語の文に合う絵を選ぶ問題

1 ◎29

・フランス語の文(1)〜(4)を、それぞれ3回ずつ聞いてください。
・それぞれの文に最もふさわしい絵を、下の①〜④のなかから1つずつ選び、その番号を解答欄に記入してください。ただし、同じものを複数回用いることはできません。

メモ欄

解答欄	(1)	(2)	(3)	(4)

1 解答と解説

(1) ③　　(2) ①　　(3) ②　　(4) ④

短い文ですが、よく使われる表現を知っていることが必要です。
(1) avoir peur de 「〜が怖い」
(2) être de bonne humeur 「機嫌が良い」
tout le monde は意味上は複数ですが、動詞は単数です。
(3) bavarder 「おしゃべりをする」
(4) à l'heure 「時間通りに」
il faut que の非人称表現では複文の動詞は接続法です。

（録音されているフランス語文） 🄯29
(1) Elles ont peur des chiens.
(2) Tout le monde est de bonne humeur et chante des chansons.
(3) Ils ne sont pas pressés et ils bavardent.
(4) Il faut que vous soyez à l'heure.

日本語訳
(1) 彼女たちは犬が怖い。
(2) みんな機嫌が良くて、歌を歌っています。
(3) 彼らは急いでなくて、おしゃべりをしています。
(4) あなたは時間を守らなくてはいけません。

＊聞き間違った場合は何回も聞きましょう。聞き取りの力をつけるには何度でも聞くことが大切です。また同じ文で書き取りの練習もしてください。78頁にまとめてあるよく使われる表現も活用してください。

2 🎧 30

・フランス語の文(1)〜(5)を、それぞれ3回ずつ聞いてください。
・それぞれの文に最もふさわしい絵を、①〜⑥のなかから1つずつ選び、その番号を解答欄に記入してください。ただし、同じものを複数回用いることはできません。

メモ欄

---

① ② ③

④ ⑤ ⑥

| 解答欄 | (1) | | (2) | | (3) | | (4) | | (5) | |

② 解答と解説
(1) ③　(2) ⑥　(3) ①　(4) ④　(5) ⑤

(1) Dépêchons-nous は代名動詞 se dépêcher「急ぐ」の命令法です。
(2) se reposer は「休む」という意味です。
(3) sur moi は「現在持ち合わせている」という意味です。
(4) admis は admettre「認める」の過去分詞です。
(5) trop grand『大き過ぎる』という意味なので、⑤の絵が合います。

（録音されているフランス語） 🔘 30
(1) Le train va partir. Dépêchons-nous.
(2) Ils sont fatigués et ils veulent se reposer.
(3) Je n'ai pas d'argent sur moi.
(4) Les chiens ne sont pas admis.
(5) C'est trop grand pour moi, c'est quelle taille ?

日本語訳
(1) 電車が発車します。急ぎましょう。
(2) 彼らは疲れていて、休みたいと思っています。
(3) 私はお金の持ち合わせがありません。
(4) 犬は連れてきてはいけません。
(5) 私には大き過ぎます。このサイズはいくつですか？

3 🎧 31

・フランス語の文(1)～(5)を、それぞれ3回ずつ聞いてください。
・それぞれの文に最もふさわしい絵を、①～⑧のなかから1つずつ選び、その番号を解答欄に記入してください。ただし、同じものを複数回用いることはできません。

メモ欄

| 解答欄 | (1) | | (2) | | (3) | | (4) | | (5) | |

③ 解答と解説
(1) ⑧ (2) ② (3) ⑥ (4) ⑦ (5) ③

(1) boire du thé「お茶を飲む」がわかれば、絵⑧は簡単に見つかるでしょう。Que は感嘆詞「何て」です。
(2) regarder les avions「飛行機を見る」 les avions はリエゾンしています。②の絵が合います。
(3) 18 sur 20　フランスでは20点が最高点で、そのうち18点は良い点数です。満点は vingt sur vingt です。Maman もヒントになります。
(4) les horaires「時刻表」はリエゾンして［lezɔrɛr］です。旅行代理店での会話ですので、絵⑦が合います。
(5) cet ensemble「このアンサンブル」はリエゾンし［sɛtɑ̃sɑ̃bl］となります。essayer は「試着する」という意味で③の絵が合います。

（録音されているフランス語文） 🔘 31
(1) Que c'est agréable de boire du thé tranquillement !
(2) J'aime regarder les avions à l'aéroport.
(3) Maman, j'ai eu 18 sur 20 à mon examen.
(4) Pouvez-vous me donner les horaires de train pour Marseille ?
(5) Je vais essayer cet ensemble.

日本語訳
(1) 落ち着いて紅茶を飲むのは何て快適なんでしょう。
(2) 私は空港で飛行機を見るのが好きです。
(3) 母さん、試験で20点満点の18点を取ったよ。
(4) マルセイユ行きの列車の時刻を教えてくださいますか？
(5) 私はこのアンサンブルを試着してみます。

4 ◎32
・フランス語の文(1)～(5)を、それぞれ3回ずつ聞いてください。
・それぞれの文に最もふさわしい絵を、①～⑧のなかから1つずつ選び、その番号を解答欄に記入してください。ただし、同じものを複数回用いることはできません。

メモ欄

| 解答欄 | (1) | | (2) | | (3) | | (4) | | (5) | |

4 解答と解説
(1) ⑤   (2) ④   (3) ③   (4) ⑦   (5) ①

(1) faire la queue「行列をする」で絵⑤が合います。
(2) avoir un rendez-vous「予約を取る」で、美容室での会話の絵④が合います。
(3) l'agent「お巡りさん」が聞き取れれば、絵③は選べるでしょう。
(4) un apéritif「食前酒」はリエゾンします。レストランでの表現です。
(5) Qu'il fait bon の que は感嘆詞です。il fait bon は「(ちょうどよい気温で) 気持ちがいい」です。

(録音されているフランス語文) 32
(1) Il faut faire la queue à l'entrée du musée.
(2) Est-ce que je peux avoir un rendez-vous cet après-midi ?
(3) Monsieur l'agent, le musée Picasso, s'il vous plaît.
(4) Prenez-vous un apéritif ?
(5) Qu'il fait bon aujourd'hui !

日本語訳
(1) 美術館の入り口で行列をしないといけません。
(2) 今日の午後に予約を取れますか？
(3) お巡りさん、ピカソ美術館はどこですか？
(4) アペリティフを飲まれますか？
(5) 今日は何て気持ちがいいのでしょう。

[5] ◎33
- フランス語の文(1)〜(5)を、それぞれ3回ずつ聞いてください。
- それぞれの文に最もふさわしい絵を、①〜⑨のなかから1つずつ選び、その番号を解答欄に記入してください。ただし、同じものを複数回用いることはできません。

メモ欄

| 解答欄 | (1) | (2) | (3) | (4) | (5) |

5 解答と解説

(1) ③　(2) ⑨　(3) ①　(4) ⑤　(5) ⑧

(1) は au cinéma「映画館へ」が聞き取れたらよいでしょう。
(2) une jupe longue「長いスカート」から衣料品店での対話とわかれば絵⑨が選べるでしょう。
(3) Allô から電話での会話とわかれば絵①が選べるでしょう。
(4) ce livre から本についての話題とわかるでしょう。
(5) faire des crêpes「クレープを作る」から、絵⑧が合います。

（録音されているフランス語文） 33

(1) Je vais au cinéma ce soir. Tu viens avec moi ?
(2) Je cherche une jupe longue.
(3) Allô, je voudrais faire une réservation pour le vol Tokyo-Paris.
(4) Je vous recommande ce livre. Il est très intéressant.
(5) Je vais faire des crêpes aujourd'hui.

日本語訳
(1) 今晩、私は映画を見に行きます。一緒に来る？
(2) 私はロングスカートを探しています。
(3) もしもし。東京発パリ行きの便の予約をしたいのですが。
(4) この本をおすすめします。とても面白いですよ。
(5) 今日はクレープを作ります。

6 ◎34

・フランス語の文(1)～(5)を、それぞれ3回ずつ聞いてください。
・それぞれの文に最もふさわしい絵を、①～⑨のなかから1つずつ選び、その番号を解答欄に記入してください。ただし、同じものを複数回用いることはできません。

メモ欄

| 解答欄 | (1) | | (2) | | (3) | | (4) | | (5) | |

[6] 解答と解説
(1) ⑥　(2) ⑤　(3) ④　(4) ②　(5) ⑨

　5文とも主語は同じ Elles で、目的語、または状況補語の l'autobus も同じです。基本的な動詞の意味をしっかり覚えて聞き取ることが大切です。99頁の基本動詞リストでチェックしましょう。
(1) 動詞は attendre「待つ」で直接目的語を取ります。動詞が母音で始まっているので、主語とリエゾンし、[zatɑ̃d] となります。リエゾンの規則の説明は90頁にあります。
(2) 動詞は monter で「（乗り物に）乗る」という自動詞の用法です。
(3) 動詞は rester「ある状態にいる」という自動詞です。debout「立って」は次の文章の assis「座った」と一緒に覚えておくべき単語です。
(4) assises は動詞 asseoir の過去分詞からできた形容詞で、être assis(es) で「座っている」という意味です。ここでは動詞 sont とリエゾンして [sɔ̃tasiz] となります。
(5) 動詞は traverser「横断する」「横切る」で他動詞です。

（録音されているフランス語文） 🎧34
(1) Elles attendent l'autobus.
(2) Elles montent dans l'autobus.
(3) Elles restent debout dans l'autobus.
(4) Elles sont assises dans l'autobus.
(5) Elles traversent la rue devant l'autobus.

日本語訳
(1) 彼女たちはバスを待っています。
(2) 彼女たちはバスに乗ります。
(3) 彼女たちはバスの中で立ったままです。
(4) 彼女たちはバスの中で座っています。
(5) 彼女たちは道路でバスの前を横切ります。

2 内容理解の問題

⑦ 🎧35
・シルヴィから明子にあてた手紙を3回聞いてください。
・次の(1)〜(5)について、手紙の内容に一致する場合は解答欄の①に、一致しない場合は②にマークしてください。

(1) シルヴィは明子を空港に車で送って行った。
(2) 明子はシルヴィの両親にあった。
(3) シルヴィの両親は毎朝コーヒーを飲む。
(4) 明子はシルヴィの家で写真をとった。
(5) 明子はシルヴィに写真を送った。

メモ欄

解答番号	解答欄	
(1)	①	②
(2)	①	②
(3)	①	②
(4)	①	②
(5)	①	②

7 解答と解説

(1) ②　(2) ①　(3) ①　(4) ①　(5) ②

(1) ne pas avoir pu t'accompagner à l'aéroport「空港に送っていけなくて」と書いているので「シルヴィは車で送って行った」は間違いです。

(5) シルヴィが j'aimerais bien en recevoir quelques unes「写真を送ってもらいたい」と書いているので間違いです。

(録音されているフランス語文) 🄫 35

Paris, le 21 septembre 2010

Chère Akiko

Comment vas-tu ? As-tu fait bon voyage ?

Excuse-moi de ne pas avoir pu t'accompagner à l'aéroport avec ma voiture. J'espère que tu n'as pas eu de problèmes avec les valises.

Mes parents étaient très contents d'avoir fait ta connaissance. Ils prennent du café tous les matins avec les tasses que tu leur as offertes.

As-tu développé les photos que tu as prises chez nous ? Si oui, j'aimerais bien en recevoir quelques-unes. J'attends de tes nouvelles impatiemment.

　　　　　　　　　　　　　　　　　Amicalement,

　　　　　　　　　　　　　　　　　　　　　Sylvie

日本語訳

　　　　　　　　　　　　　　　　　　パリ、2010年9月21日

親愛なる明子

　元気ですか？　いい旅をしましたか？

　車で空港まで送って行けなくてごめんなさい。荷物で問題は起こらなかったでしょうね。私の両親はあなたと知り合えてとても喜んでいました。彼らは毎朝、あなたからもらったカップでコーヒーを飲んでいます。

　私達の家で撮った写真は現像しましたか？　していたら、数枚送ってほしいのですが。あなたからの便りを首を長くして待っています。

　　　　　　　　　　　　　　　　　　　友情をこめて

　　　　　　　　　　　　　　　　　　　　　　シルヴィ

8 ◎36
・シルヴィとフィリップの会話を3回聞いてください。
・次の(1)〜(5)について、会話の内容に一致する場合は解答欄の①に、一致しない場合は②にマークしてください。

(1) フィリップは元気である。
(2) シルヴィは胃が痛い。
(3) シルヴィは熱が39度ある。
(4) フィリップは今朝授業がない。
(5) フィリップはシルヴィの家に11時頃に行く。

メモ欄

解答番号	解答欄	
(1)	①	②
(2)	①	②
(3)	①	②
(4)	①	②
(5)	①	②

⑧ 解答と解説
(1) ①　(2) ②　(3) ②　(4) ①　(5) ①

(2) mal à la gorge「のどが痛い」なので間違い。
(3) 「熱が39度ある」は38度なので間違い。

(録音されているフランス語文) ◎ 36

Sylvie　　：Allô. Bonjour, Philippe. Ça va ?
Philippe　：Ça va très bien.
　　　　　　Mais qu'est-ce que tu as, Sylvie ? Tu n'es pas en forme ?
Sylvie　　：Non, je crois avoir attrapé un rhume. J'ai mal à la gorge.
Philippe　：Tu as pris ta température ?
Sylvie　　：Oui 38. Mais, aujourd'hui, je dois remettre un travail à mon prof. C'est le dernier jour. Je ne sais pas comment faire.
Philippe　：Bon. Je n'ai pas de cours ce matin. Je peux aller chez toi prendre ton travail et le donner à ton prof cet après-midi.
Sylvie　　：C'est vrai ? Tu es très gentil. Je compte sur toi.
Philippe　：Ne t'inquiète pas. Je passerai vers 11 heures.
　　　　　　Tu as des médicaments ?
Sylvie　　：Oui, je vais prendre de l'aspirine.

日本語訳
シルヴィ　　：もしもし。こんにちは、フィリップ。元気？
フィリップ：とても元気だよ。でもシルヴィどうしたの？　元気じゃないの？
シルヴィ　　：そう、風邪をひいたみたい。のどが痛いの。
フィリップ：体温は計ったの？
シルヴィ　　：ええ、38度。でも今日は先生にレポートを出さなくてはならないの。締切日だから。どうしたらいいかわからないの。
フィリップ：わかったよ。今朝はぼく授業がないんだ。君の家にレポートを取りに行って、今日の午後、君の先生に渡してあげるよ。
シルヴィ　　：本当？　とっても親切だわ。お願いするわ。
フィリップ：心配しないで。11時ごろには行くから。薬はあるの？
シルヴィ　　：ええ、アスピリンを飲むわ。

⑨ ◎37
・アントワネットと古本屋の主人の会話を3回聞いてください。
・次の(1)〜(5)について、会話の内容に一致する場合は解答欄の①に、一致しない場合は②にマークしてください。

(1) アントワネットは本を200冊ほど売ろうとしている。
(2) アントワネットの車は故障している。
(3) 古本屋はアントワネットの家の近くにある。
(4) アントワネットは明日の午前中は仕事に行く。
(5) 古本屋の主人は今日の18時30分にアントワネットの家に来る。

メモ欄

解答番号	解答欄	
(1)	①	②
(2)	①	②
(3)	①	②
(4)	①	②
(5)	①	②

⑨ 解答と解説

(1) ①　(2) ②　(3) ①　(4) ①　(5) ②

(2)「車は故障している」は「車は持たない」と言っているので間違い。
(5)「今日の18時30分に」というのは demain「明日」なので間違い。

（録音されているフランス語文） 🎧 37

Antoinette　　：Je voudrais vendre mes livres. Vous pouvez venir les chercher ? Je n'ai pas de voiture.
Le bouquiniste：Vous en avez combien ?
Antoinette　　：J'ai à peu près deux cents livres.
Le bouquiniste：Très bien. C'est tout à fait possible. Vous habitez où ?
Antoinette　　：Pas loin de votre magasin, près du grand supermarché.
Le bouquiniste：Alors, c'est tout près ! Est-ce que vous êtes chez vous demain matin ?
Antoinette　　：Demain matin, je vais au bureau. Vous pouvez venir après 18 heures ?
Le bouquiniste：Pas de problème. Alors, je viendrai demain à 18 heures 30.

日本語訳

アントワネット：本を売りたいのですが。取りに来てもらえますか。私は車を持っていません。
古本屋　　　　：何冊あるんですか？
アントワネット：大体200冊あります。
古本屋　　　　：わかりました。それは可能です。どちらにお住まいですか？
アントワネット：あなたのお店から遠くなくて、大きなスーパーの近くです。
古本屋　　　　：それじゃ、すぐ近くですね。明日の朝はご在宅ですか？
アントワネット：明日の朝は仕事に行きます。18時以降に来てもらえますか？
古本屋　　　　：いいですよ。では、明日18時30分にまいります。

第3章 | 聞き取り模擬試験

聞き取り試験問題
（部分的な書き取りを含む）

聞き取り試験時間は、
15時30分から約15分間

注 意 事 項

1 聞き取り試験は、CD・テープでおこないますので、CD・テープの指示に従ってください。
2 解答はすべて筆記試験と同じ解答用紙の解答欄に、**HBまたはBの黒鉛筆**（シャープペンシルも可）で記入またはマークしてください。

第 1 回

1

次は、マルタン氏と明子の会話です。
- 1回目は全体を通して読みます。
- 2回目は、ポーズをおいて読みますから、(1)～(5)の部分を解答欄に書き取ってください。それぞれの（　）内に入るのは1語とはかぎりません。
- 最後（3回目）に、もう一回全体を通して読みます。
- 読み終わってから60秒、見なおす時間があります。
- 数を記入する場合は、算用数字で書いてかまいません。
（メモは自由にとってかまいません）（配点10）

(CDを聞く順番) ◎38 → ◎39 → ◎38

M.Martin ： Alors, Akiko, vous êtes （　1　） de votre voyage en Europe ?
Akiko ： Oui. Tout s'est bien passé, （　2　） la veille de mon départ de Londres.
Martin ： Mais qu'est-ce que vous avez eu （　3　） jour ?
Akiko ： On m'a volé mon （　4　）!
Martin ： Vous le teniez à la main ?
Akiko ： Non, il était dans mon （　5　）, mais j'avais oublié de le fermer.

解答番号	解　答　欄
(1)	
(2)	
(3)	
(4)	
(5)	

2

- フランス語の文(1)～(5)を、それぞれ3回ずつ聞いてください。
- それぞれの文に最もふさわしい絵を、①～⑨の中から1つずつ選び、解答欄のその番号にマークしてください。ただし、同じものを複数回用いることはできません。

（メモは自由にとってかまいません）（配点10）

（CDを聞く順番）　🎧 40

解答番号	解　答　欄
(1)	① ② ③ ④ ⑤ ⑥ ⑦ ⑧ ⑨
(2)	① ② ③ ④ ⑤ ⑥ ⑦ ⑧ ⑨
(3)	① ② ③ ④ ⑤ ⑥ ⑦ ⑧ ⑨
(4)	① ② ③ ④ ⑤ ⑥ ⑦ ⑧ ⑨
(5)	① ② ③ ④ ⑤ ⑥ ⑦ ⑧ ⑨

65

3

- ジャックとナタリーの電話での会話を3回聞いてください。
- 次の(1)～(5)について、会話の内容に一致する場合は解答欄の①に、一致しない場合は②にマークしてください。
  （メモは自由にとってかまいません）（配点10）

(CDを聞く順番)　🔘41 → 🔘41 → 🔘41

(1) ナタリーはジャックに電話しようと思っていた。
(2) ジャックは今から試験を受けないといけない。
(3) ジャックは試験がすべて終わった。
(4) ナタリーはジャックにドライブしようと誘っている。
(5) ナタリーとジャックは土曜に映画に行く。

メモ欄

解答番号	解答欄	
(1)	①	②
(2)	①	②
(3)	①	②
(4)	①	②
(5)	①	②

模擬試験　第1回　解答と解説

1

解答　(1) contente　(2) jusqu'à　(3) le dernier
　　　　(4) portefeuille　(5) sac à main

(1)　contente 形容詞の女性形の e を忘れていませんか？
(2)　à のアクサンを忘れないように。
(3)　le は書けましたか？
(4)　portefeuille は男性名詞で 1 語です。
(5)　sac à はアンシェヌマンしますから聞き取りに気を付けましょう。

（録音されているフランス語文） 〇 38, 39

M. Martin　：Alors, Akiko, vous êtes (contente) de votre voyage en Europe ?
Akiko　　　：Oui. Tout s'est bien passé, (jusqu'à) la veille de mon départ de Londres
M. Martin　：Mais qu'est-ce que vous avez eu (le dernier) jour ?
Akiko　　　：On m'a volé mon (portefeuille) !
M. Martin　：Vous le teniez à la main ?
Akiko　　　：Non, il était dans mon (sac à main), mais j'avais oublié de le fermer.

日本語訳
マルタン氏：ところで明子さん、ヨーロッパへの旅行に満足していますか？
明子　　　：はい、ロンドンを出る前日まではすべてとてもうまく行きました。
マルタン氏：最後の日、何かあったのですか？
明子　　　：財布を盗まれました。
マルタン氏：手に持っていたのですか？
明子　　　：いいえ、ハンドバッグの中です。でも閉めるのを忘れていました。

2

解答 (1) ③ (2) ① (3) ⑧ (4) ⑦ (5) ⑤

（録音されているフランス語文） 🎧 40

(1) Il ouvre la fenêtre de la chambre.
(2) Il dort dans sa chambre
(3) Il fait son lit dans sa chambre.
(4) Il travaille tard dans sa chambre.
(5) Il fait le ménage dans sa chambre.

日本語訳
(1) 彼は部屋の窓を開けます。
(2) 彼は彼の部屋で眠っています。
(3) 彼は部屋でベッドを整えています。
(4) 彼は部屋で遅くまで勉強しています。
(5) 彼は部屋の掃除をしています。

3

[解答] (1) ①　(2) ②　(3) ①　(4) ②　(5) ①

(2) J'ai fini tous mes examens ! と言っているので「今から試験を受けないといけない」は内容と一致しません。

(4) si nous allions au cinéma と言っているので「ドライブしようと誘っている」は内容と一致しません。
　　si + 半過去？は「〜しませんか？」と誘うときの表現です。

（録音されているフランス語文）🔊 41

Jacques　：Bonjour, Nathalie. C'est Jacques à l'appareil.
Nathalie：Bonjour, Jacques. Ça va ?
Jacques　：Très bien. Je ne te dérange pas ?
Nathalie：Non, pas du tout. Je voulais t'appeler moi aussi.
Jacques　：Ça y est. J'ai fini tous mes examens ! Je peux sortir maintenant.
Nathalie：Alors, si nous allions au cinéma samedi prochain ?
Jacques　：D'accord ! À samedi.

日本語訳
ジャック：こんにちは、ナタリー。ジャックです。
ナタリー：こんにちは、ジャック。元気？
ジャック：とても元気だよ。邪魔じゃない？
ナタリー：全然。私もあなたに電話したいと思っていたの。
ジャック：やったよ。僕は試験が全部終わったよ。これで遊びに行けるよ。
ナタリー：じゃ、次の土曜日、映画を見に行かない？
ジャック：いいよ、じゃ、土曜日に。

第 2 回

1

次は、私のある朝の話しです。
- 1回目は全体を通して読みます。
- 2回目は、ポーズをおいて読みますから、(1)〜(5)の部分を解答欄に書き取ってください。それぞれの（　）内に入るのは1語とはかぎりません。
- 最後（3回目）に、もう一回全体を通して読みます。
- 読み終わってから60秒、見なおす時間があります。
- 数を記入する場合は、算用数字で書いてかまいません。
  （メモは自由にとってかまいません）（配点10）

(CDを聞く順番)　42 → 43 → 42

Mon école est assez (　1　) la maison.

Tous les jours, j'y vais (　2　). C'est souvent dans le bus du matin que je me souviens des (　3　) que le professeur de français nous a donnés la (　4　).

Hier soir, je les ai tous faits et je me suis couchée à minuit.

Malheureusement, ce matin, je suis arrivée (　5　) au cours !

Quel dommage !

解答番号	解　答　欄
(1)	
(2)	
(3)	
(4)	
(5)	

2

- フランス語の文(1)～(5)を、それぞれ3回ずつ聞いてください。
- それぞれの文に最もふさわしい絵を、①～⑨の中から1つずつ選び、解答欄のその番号にマークしてください。ただし、同じものを複数回用いることはできません。

（メモは自由にとってかまいません）（配点10）

（CDを聞く順番） 44

解答番号	解　答　欄
(1)	① ② ③ ④ ⑤ ⑥ ⑦ ⑧ ⑨
(2)	① ② ③ ④ ⑤ ⑥ ⑦ ⑧ ⑨
(3)	① ② ③ ④ ⑤ ⑥ ⑦ ⑧ ⑨
(4)	① ② ③ ④ ⑤ ⑥ ⑦ ⑧ ⑨
(5)	① ② ③ ④ ⑤ ⑥ ⑦ ⑧ ⑨

3

- ポールと美香の会話を3回聞いてください。
- 次の(1)〜(5)について、会話の内容に一致する場合は解答欄の①に、一致しない場合は②にマークしてください。
  （メモは自由にとってかまいません）（配点10）

（CDを聞く順番） ◎45 → ◎45 → ◎45

(1) 今朝、美香は一人で市場に行った。
(2) 市場はとても面白かった。
(3) 美香は何も買わなかった。
(4) 午後には美香は会話の授業が2時間だけあった。
(5) 午後には美香はラボの授業があった。

メモ欄

解答番号	解答欄	
(1)	①	②
(2)	①	②
(3)	①	②
(4)	①	②
(5)	①	②

模擬試験　第2回　解答と解説

1

[解答]　(1) loin de　(2) en bus　(3) devoirs
　　　　(4) veille　(5) en retard

(1)　loin de の de を書きおとしていませんか？
(2)　乗り物の前に手段を表す前置詞 en がきます。
(3)　devoirs の s は忘れていませんか？　冠詞 des と過去分詞 donnés の s にも気を付けましょう。
(4)　その前日という意味で la veille です。
(5)　en retard「遅刻して」の意味です。

(録音されているフランス語文)　◎ 42, 43

　Mon école est assez (loin de) la maison.
　Tous les jours, j'y vais (en bus). C'est souvent dans le bus du matin que je me souviens des (devoirs) que le professeur de français nous a donnés la (veille). Hier soir, je les ai tous faits et je me suis couchée à minuit.
　Malheureusement, ce matin, je suis arrivée (en retard) au cours !
　Quel dommage !

日本語訳
　私の学校は家からかなり遠いです。毎日バスで通っています。よく、朝のバスの中でフランス語の先生が前日に出した宿題のことを思いだします。昨日は宿題を全部やって真夜中に寝ました。不幸にも今朝は授業に遅刻しました。なんと残念なことか。

2

[解答]　(1) ⑧　(2) ①　(3) ④　(4) ⑥　(5) ③

（録音されているフランス語文） 🔊 44

(1) Elles achètent des légumes au marché.
(2) Elles regardent la vitrine.
(3) Elles bavardent dans la rue.
(4) Elles entrent dans le café.
(5) Elles nettoient la fenêtre.

日本語訳
(1) 彼女たちは市場で野菜を買います。
(2) 彼女たちはショーウインドを見ています。
(3) 彼女たちは道でおしゃべりをしています。
(4) 彼女たちはカフェに入ります。
(5) 彼女たちは窓を拭いています。

3

解答 (1) ② (2) ① (3) ① (4) ② (5) ①

(1) avec notre professeur なので、「一人で市場に行った」は内容と一致しません。

(4) trois heures de cours de conversation なので、「会話の授業が2時間だけあった」は内容に一致しません。

（録音されているフランス語文） 45

Paul ： Qu'est-ce que vous avez fait aujourd'hui ?
Mika ： Ce matin, on est allées au marché avec notre professeur.
Paul ： Comment l'avez-vous trouvé ?
Mika ： C'était très intéressant et pittoresque.
Paul ： Avez-vous acheté quelque chose ?
Mika ： Moi, je n'ai rien acheté, mais Noriko a acheté un sac en cuir.
Paul ： Et l'après-midi ?
Mika ： Nous avons bien travaillé : trois heures de cours de conversation et une heure de labo.
Paul ： Alors, vous êtes très contentes de votre journée, n'est-ce pas ?

日本語訳
ポール：今日あなた達は何をしたの？
美香　：今朝は、先生と屋外市場を見学しました。
ポール：どう思いましたか？
美香　：とても面白くて、おもむきがありました。
ポール：何か買いましたか？
美香　：私は何も買いませんでしたが、のり子は皮のかばんを買いました。
ポール：それで午後は？
美香　：しっかり勉強しましたよ、3時間の会話の授業と1時間のラボの授業です。
ポール：では、とても満足できた1日でしたね。

3級で覚えておきたい
表現・語彙・発音の規則

| 日常会話でよく使われる表現 |

文字を見て意味が理解できるかチェックしたら、文字を見ないでCDを聞いて内容をつかむ練習をしましょう。（☐はチェックに利用してください。）

1) 承諾、了解、同意の表現　🔊 46

☐	1	D'accord.	いいです。
☐	2	Entendu.	わかりました。
☐	3	Volontiers.	喜んで。
☐	4	Avec plaisir.	喜んで。
☐	5	Je veux bien.	喜んで。
☐	6	Mais oui.	もちろん。
☐	7	Oui, bien sûr.	はい、もちろん。
☐	8	Oui, certainement.	はい、確かに。
☐	9	Tu as raison.	そうね。
☐	10	Tout à fait.	まったく。まさにそのとおり。

2) 断るとき、不確実なとき、断られたときの表現　🔊 47

☐	1	Je suis désolé.	申し訳ありません。
☐	2	Je ne crois pas.	そう思いません。
☐	3	Je ne suis pas sûr.	確実ではありません。
☐	4	Ça dépend.	場合によります。
☐	5	On verra.	まあ見てみよう。
☐	6	Peut-être.	多分。
☐	7	Sans doute.	多分（確実性がかなりある）。
☐	8	Tant pis.	仕方がないです。
☐	9	C'est dommage.	それは残念です。

3) 否定の表現 🎧48

- [ ] 1　Il n'y a pas de quoi.　　　　　どういたしまして。
- [ ] 2　Ce n'est rien.　　　　　　　　何でもありません。
- [ ] 3　Ça ne fait rien.　　　　　　　かまいません。
- [ ] 4　Ça ne sert à rien.　　　　　　何の役にも立ちません。
- [ ] 5　Il n'y a rien à faire.　　　　　どうしようもない。
- [ ] 6　(Il n'y a) rien de spécial.　　特別なことは何もない。
- [ ] 7　Il n'y a plus de sucre.　　　　もう砂糖はありません。
- [ ] 8　Il n'y a aucun doute.　　　　　何の疑いもありません。
- [ ] 9　pas tellement　　　　　　　　そんなに〜でない
- [ ] 10　pas du tout　　　　　　　　　ぜんぜん
- [ ] 11　pas encore　　　　　　　　　まだ

4) 許可を求めるとき、意見・考えを問うときとそれに答えるときの表現 🎧49

- [ ] 1　Est-ce que je peux téléphoner ?　　電話してもいいですか？
- [ ] 2　Je voudrais regarder la télévision.　テレビを見たいのですが。
- [ ] 3　Je voudrais des pommes.　　　　　リンゴがほしいのですが。
- [ ] 4　Comment trouvez-vous ce film ?　　この映画をどう思いますか？
- [ ] 5　Que pensez-vous de ce film ?　　　この映画をどう思いますか？
- [ ] 6　Qu'en pensez-vous ?　　　　　　　それをどう思いますか？
- [ ] 7　À mon avis, ...　　　　　　　　　私の意見では…
- [ ] 8　Je pense (crois) que ...　　　　　私は…と思います。

5) avoir 動詞を使った慣用句 🎧 50

- ☑ 1　J'ai mal à la tête (aux dents, au ventre).　　　頭（歯、お腹）が痛い。
- ☑ 2　J'ai chaud (froid, sommeil).　　暑い（寒い、眠い）です。
- ☑ 3　J'ai soif (faim).　　喉が渇いた（お腹が空いた）。
- ☑ 4　Tu as tort.　　間違っているよ。
- ☑ 5　J'ai envie d'aller à la campagne.　　田舎に行きたい。
- ☑ 6　Vous avez besoin de repos.　　あなたは休養をとる必要がある。
- ☑ 7　Il a peur des chiens.　　彼は犬が怖い。
- ☑ 8　Tu en as pour longtemps ?　　長くかかるの？

6) 時に関する表現 🎧 51

- ☑ 1　Quelle heure est-il ?　　今、何時ですか？
- ☑ 2　Vous avez l'heure ?　　時計をお持ちですか？
- ☑ 3　Je n'ai pas le temps.　　時間がありません。
- ☑ 4　Je suis à l'heure.　　時間どおりです。
- ☑ 5　Je suis en retard.　　遅刻しています。
- ☑ 6　Je suis en avance.　　時間より前です。
- ☑ 7　Il y a trois jours.　　3日前です。
- ☑ 8　Dans trois jours.　　3日後です。
- ☑ 9　à partir de (demain)　　（明日）から
- ☑ 10　À tout de suite.　　すぐにね。
- ☑ 11　À tout à l'heure.　　また後でね。
- ☑ 12　À (très) bientôt.　　ではまた近いうちに。
- ☑ 13　quelquefois　　ときどき、時には
- ☑ 14　de temps en temps　　ときどき

7) 場所に関する表現 🎧52

- [ ] 1　partout　　　　　　　　至るところに
- [ ] 2　autour de ...　　　　　～のまわりに
- [ ] 3　nulle part　　　　　　どこにもない
- [ ] 4　autre part　　　　　　別のところに
- [ ] 5　donner sur ...　　　　～に面している
- [ ] 6　par ici　　　　　　　こちらから
- [ ] 7　en face　　　　　　　正面に
- [ ] 8　au fond de ...　　　　～の奥に

8) 天候に関する表現 🎧53

- [ ] 1　Il y a du soleil.　　　　　晴れている。
- [ ] 2　Il y a des éclaircies.　　晴れ間がある。
- [ ] 3　Il y a des nuages.　　　雲がある。
- [ ] 4　Il y a de l'orage.　　　　雷雨がある。
- [ ] 5　Il y a du vent.　　　　　風がある（風が吹いている）。
- [ ] 6　Il y a du brouillard.　　霧がかかっている。
- [ ] 7　Il pleut.　　　　　　　　雨が降っている。
- [ ] 8　Il neige.　　　　　　　　雪が降っている。
- [ ] 9　Le temps est couvert.　曇っている。
- [ ] 10　Le temps est orageux.　雷雨になりそうな空模様だ。

9) 電話に関する表現 ◉54

- ☑ 1　Ne quittez pas.　　　　　　　　　そのままお待ちください。
- ☑ 2　Qui est à l'appareil ?　　　　　　　どちら様ですか？
- ☑ 3　Je suis bien chez Madame Martin ?
　　　　　　　　　　　　　　　　　　　マルタンさんのお宅ですか？
- ☑ 4　Est-ce que je peux lui laisser un message ?
　　　　　　　　　　　　　　　　　　　伝言をお願いできますか？
- ☑ 5　Rappelez-le vers 6 heures.　　　6時頃彼にもう一度電話してください。

10) 話を変えるとき、説明するときの表現 ◉55

- ☑ 1　à propos　　　　　　　　　ところで
- ☑ 2　au fait　　　　　　　　　　ところで
- ☑ 3　au contraire　　　　　　　反対に
- ☑ 4　c'est-à-dire　　　　　　　つまり
- ☑ 5　par exemple　　　　　　　たとえば
- ☑ 6　d'autre part　　　　　　　他方では
- ☑ 7　d'abord　　　　　　　　　まず
- ☑ 8　ensuite, puis　　　　　　　それで、次いで
- ☑ 9　enfin　　　　　　　　　　最後に
- ☑ 10　en fait　　　　　　　　　（ところが）事実は

11) その他の表現 ◉56

- [ ] 1　plutôt　　　　　　　　　　　むしろ
- [ ] 2　ou bien　　　　　　　　　　　または
- [ ] 3　quand même　　　　　　　　それでも
- [ ] 4　comme d'habitude　　　　　　いつもの様に
- [ ] 5　Compte sur moi.　　　　　　私にまかせて。
- [ ] 6　Ne t'inquiète pas.　　　　　　心配しないで。
- [ ] 7　Tout le monde est content.　　みんな満足です。
- [ ] 8　Vous êtes au courant ?　　　あなたは知っていますか？
- [ ] 9　Il s'agit de cet article.　　　　この記事が問題です。
- [ ] 10　Grâce à vous, tout s'est bien passé.
　　　　　　　　　　　　　　　　あなたのおかげですべてうまく行きました。

よく使われる疑問の表現

疑問の表現は、自分で正しく使えるように、また、人から尋ねられたときに、すぐに何を聞かれているのかわかるようにしておくことが大切です。尋ねられていることがすぐわかるまで CD を繰り返し聞いてみましょう。

1) Que (quoi) ... ? Qui ... ? 57

☐ 1 　Qu'est-ce que c'est ?　　　　　　— C'est une pomme.
☐ 2 　Qu'est-ce que tu fais ?　　　　　 — Je regarde la télévision.
☐ 3 　Qu'est-ce qu'il fait dans la vie ? — Il est ingénieur.
☐ 4 　Qu'est-ce que vous voulez ?　　　— Je voudrais deux croissants.
☐ 5 　Qu'est-ce que vous avez ?　　　　— J'ai mal aux dents.
☐ 6 　Qu'est-ce qui se passe ?　　　　　— Je ne trouve pas ma clef.
☐ 7 　Qu'est-ce qui ne va pas ?　　　　 — La porte ne s'ouvre pas.
☐ 8 　Que pensez-vous de Pierre ?　　　— Il est sympathique.
☐ 9 　De quoi parlez-vous ?　　　　　　— Nous parlons de ce livre.
☐ 10 　Avec quoi est-ce que vous mangez du riz ?
　　　　　　　　　　　　　　　　　　— Avec des baguettes.
☐ 11 　Qui vend du pain en France ?　　— C'est le boulanger.
☐ 12 　Qui est-ce que tu invites pour ton anniversaire ?
　　　　　　　　　　　　　　　　　　— J'invite Paul.
☐ 13 　Avec qui Marie est-elle allée au cinéma hier ?
　　　　　　　　　　　　　　　　　　— Avec Nathalie.
☐ 14 　De qui parlez-vous ?　　　　　　 — Nous parlons de Sylvie.

よく使われる疑問の表現（日本語訳）

1) Que (quoi)（何）、Qui（誰）...？

1 これは何ですか？ —これはリンゴです。
2 何をしているの？ —テレビを見ています。
3 彼の職業は何ですか？ —彼はエンジニアです。
4 何をお望みですか？ —クロワッサンを2個ください。
5 どうしたのですか？ —歯が痛いのです。
6 どうかしたのですか？ —鍵が見つからないのです。
7 何がうまくいかないのですか？ —ドアが開かないのです。
8 ピエールをどう思いますか？ —彼は感じがいいです。
9 何の話をしているのですか？ —この本のことを話しています。
10 何でご飯を食べますか？ —お箸です。
11 フランスでは誰がパンを売りますか？ —パン屋さんです。
12 誕生日に誰を招待するの？ —ポールを招待します。
13 昨日マリーは誰と映画に行ったの？ —ナタリーと。
14 誰の話をしているのですか？ —シルヴィのことを話しています

2) Comment ... ? 🔘 58

☐ 15 Comment allez-vous ? (Comment ça va ?)
— Très bien, merci.
☐ 16 Comment s'appelle la monnaie européenne ?
— C'est l'euro.
☐ 17 Comment trouvez-vous ce tableau ? — Il est très beau.
☐ 18 Comment dit-on le mot «fleur» en japonais ?
— On dit "hana".

3) Quand ... ? 🔘 59

☐ 19 Depuis quand êtes-vous en France ? — Depuis 5 ans.
☐ 20 Quand est-ce que tu veux aller voir ce film ?
— Dimanche prochain.

4) Combien ... ? 🔘 60

☐ 21 Combien font douze et trois ? — Ça fait quinze.
☐ 22 Combien de jours y a-t-il dans le mois de juin ?
— Il y en a 30.
☐ 23 Je vous dois combien ? —12 euros.
☐ 24 C'est combien ? — C'est 20 euros.
☐ 25 Ça fait combien ? — Ça fait 35 euros.
☐ 26 Depuis combien de temps êtes-vous en France ?
— Depuis 5 ans.
☐ 27 Vous voulez combien de pommes ?
— Deux kilos, s'il vous plaît.
☐ 28 Combien de temps dure le vol ? — Il dure 8 heures.

2) Comment（どんな）...？（日本語訳）

15　お元気ですか？（元気？）　　　　　—とても元気です、ありがとう。
16　ヨーロッパ通貨は何といいますか？　—ユーロといいます。
17　この絵をどう思いますか？　　　　　—とても綺麗です。
18　"fleur" は日本語で何といいますか？　—「花」といいます。

3) Quand（いつ）...？（日本語訳）

19　いつからフランスに住んでいますか？　— 5年前からです。
20　いつこの映画を見に行きたいの？　　　—次の日曜日に。

4) Combien（どれくらい）...？（日本語訳）

21　12 + 3 はいくらですか？　　　　　　—15です。
22　6月は何日ありますか？　　　　　　　—30日です。
23　おいくらですか？　　　　　　　　　　—12ユーロです。
24　これはいくらですか？　　　　　　　　—20ユーロです。
25　いくらになりますか？　　　　　　　　—35ユーロになります。
26　どれくらいフランスにいますか？　　　— 5年前からです。
27　リンゴをいくつお望みですか？　　　　— 2キロお願いします。
28　飛行時間はどれくらいですか？　　　　— 8時間かかります。

5) Où ... ? 🎧 61

☐ 29 Où est-ce que tu habites ? — J'habite tout près d'ici.
☐ 30 Où est-ce qu'on peut acheter des timbres ?
       — À la poste.
☐ 31 Où en êtes-vous ? — J'ai presque fini.
☐ 32 Où est le bureau de poste le plus proche ?
       — Là-bas, à droite.
☐ 33 D'ou êtes-vous ? — Je suis d'Osaka.

6) Quel (quelle) ... ? 🎧 62

☐ 34 Quel temps fait-il ? — Il fait beau.
☐ 35 Quelle heure est-il ? — Il est 6 heures.
☐ 36 Quel jour sommes-nous ? — Nous sommes le 2 mai.
☐ 37 À quelle heure partez-vous ? — À 9 heures et demie.
☐ 38 Vous fermez quel jour ? — Le dimanche et le lundi.
☐ 39 Dans quelle ville vos parents habitent-ils ?
       — Ils habitent à Kyoto.
☐ 40 Quelle est la longueur de cette jupe ?
       — Elle mesure 60 cm.

5) Où（どこ）...？（日本語訳）

29 どこに住んでいるの？ —このすぐ近くに住んでいます。
30 どこで切手は買えますか？ —郵便局で。
31 どこまで進んでいますか？ —ほとんど終わりです。
32 いちばん近い郵便局はどこですか？ —あそこの右手です。
33 あなたはどこの出身ですか？ —大阪の出身です。

6) Quel（quelle）（どんな）...？（日本語訳）

34 どんな天気ですか？ —天気はいいです。
35 何時ですか？ —6時です。
36 今日は何日ですか？ —5月2日です。
37 何時に出かけますか？ —9時半に。
38 何曜日に閉店ですか？ —日曜日と月曜日です。
39 あなたの両親はどの町に住んでいますか？ —京都に住んでいます。
40 このスカートの長さはどれぐらいですか？ —60cmです。

音のつながりの規則

1) リエゾン liaison 🔘 63

単独では発音されない語末の子音字が次にくる語頭の母音と一緒になって発音される現象をリエゾンといいます。リエゾンは、(1) 必ずする場合 (2) してはいけない場合、(3) してもしなくてもよい場合とあります。(3) の場合は最近だんだんされなくなる傾向があります。

必ずする場合としてはいけない場合の規則をみておきましょう。

(1) 必ずする場合

① 限定字＋名詞　　　　　　：deux ans, les amis, ces arbres
② 前置詞＋名詞・代名詞　　：en avion, chez eux
③ 人称代名詞＋動詞　　　　：nous avons, ils ont, elles arrivent
④ 人称代名詞＋ en, y　　　 ：je vous en prie, ils y sont
⑤ C'est ..., Il est ... の後　 ：C'est évident. Il est impossible.
⑥ １音節の副詞と次の語　　：tout entier, moins important
　　　　　　　　　　　　　　　bien aimable
⑦ 成句　　　　　　　　　　：moins en moins, de temps en temps
⑧ 合成語　　　　　　　　　：Champs-Élysées, États-Unis

リエゾンの際の音と綴り字の関係：

　　[z]：s, z, x　　例　les amis [lezami]　chez eux [ʃezø]
　　[t]：t, d　　　　　vient-elle [vjɛ̃tɛl]　prend-il [prɑ̃til]
　　[n]：n　　　　　　bien aimable [bjɛ̃nɛmabl]
　　[r]：r　　　　　　dernier étage [dɛrnjeretaʒ]

　＊リエゾンの子音で最も多いのが [z]、ついで [t] [n] です。
　　[r] は léger, dernier, premier など限られた形容詞の後で行われます。

鼻母音の場合は次の例のような規則があります。
── 語尾が -ain, -ein, -en, -on, -in で終わる形容詞の後では、リエゾンによ

る非鼻母音化が起こる。
　　　例　moyen âge [mwa-jɛ-naʒ]
── un, aucun, on, rien, bien, en の後では鼻母音を維持してリエゾンが行われる。
　　　例　un ami [œ̃-na-mi], on a [ɔ̃-na], en avril [ɑ̃-nav-ril]
　　　　　rien à faire [rjɛ̃-na-fɛr], bien aimable [bjɛ̃-nɛmabl]
── mon のような所有形容詞では2通りの発音がある。
　　　例　mon ami [mɔ̃-na-mi] [mɔ-na-mi]

(2) してはいけない場合
　① 主語名詞＋動詞　　　：Jacques / est
　② 接続詞 et の後　　　：un homme et / une femme
　③ 有声の h の前　　　：petit / héros
　④ 単語名詞＋形容詞　：sujet / intéressant

2) アンシェヌマン enchaînement ◉64
　アンシェヌマンとは、もともと発音されている語末の子音を次にくる語頭の母音と結びつけて発音することです。　　例　une amie [y-na-mi]
　リエゾンのように子音の発音が変わることはありません。
　　　例　une grande amie [yn-gra-da-mi]
　またリエゾンと違ってアンシェヌマンはいつも行われます。同じリズムグループの中ではもちろんですが、グループを越えてもひと息で発音される場合には行われます。　　例　Hélène est prête à partir.

3) 子音の同化現象 assimilation consonantique ◉65
　同化現象とは近隣の音や並列した2音の性質が作用しあって変化したり、別音になったりする現象で、部分的な変化の場合と完全同化の場合があります。言語によって、同化の起こり方が異なりますが、フランス語の場合は、後続音に同化する傾向があります。有声子音の無声音化、無声音の有声音化は一般的なので、理解しておいてください。

無声化は ° で、有声化は ˇ で表します。

　　例　robe courte ［rɔ̊bkurt］　　vingt-deux ［vɛ̃t-dø̊］または［vɛ̃d̬-dø̊］
同化現象は 1 つの単語の中でも起きますが、単語と単語の間でも起こります。例えば avec vous［avɛk̬vu］の場合、無声子音［k］が後の有声子音［v］の影響で有声音化し、［k］が［g］に近い音になります。
　有声子音、無声子音のペアは覚えておくといいでしょう。
　　［p / b］　［f / v］　［t / d］　［s / z］　［ʃ / ʒ］　［k / g］

4）脱落性の e（e caduc）🔘66

e は発音されたりされなかったりしますが、次のような規則があります。
(1)　文末（リズム段落の最後）の e は発音されない。
　　　例　Elle est grande.［grɑ̃d］
(2)　第一音節にくる場合は、話すスピードや話し方によって発音しない場合があります。しかし発音してはいけないという規則はありませんし、発音するほうが丁寧です。
　　　例　je suis［ʒəsɥi］［ʒsɥi］［ʃɥi］
(3)　リズム段落の中では次のような規則があります。
　　①　発音される子音が前に 1 つだけのときは発音されない。
　　　　例　mad e̸ moiselle　sam e̸ di　la p e̸ tite fille
　　②　子音が前に 2 つ以上あるときは必ず発音される。
　　　　例　appartement　une petite fille

e が落ちることで、子音と子音がつながり、同化現象で音が違って聞こえることは、フランス語の聞き取り、書き取りを難しくしている理由の 1 つです。この現象を理解して、フランス人の発音を聞いてみると納得できる場合も多いでしょう。大切なのは注意してよく聞くことです。また一度で聞き取れなくても普通ですから、何度でも挑戦してみましょう。

| 数詞・数の表し方 |

1) 基数詞 Nombres cardinaux ◎67

1 **un**	2 **deux**	3 **trois**	4 **quatre**	5 **cinq**
6 **six**	7 **sept**	8 **huit**	9 **neuf**	10 **dix**
11 **onze**	12 **douze**	13 **treize**	14 **quatorze**	15 **quinze**
16 **seize**	17 **dix-sept**	18 **dix-huit**	19 **dix-neuf**	20 **vingt**

21 vingt et un　22 vingt-deux　23 vingt-trois　24 vingt-quatre
30 trente　31 trente et un　32 trente-deux　33 trente-trois
40 quarante　41 quarante et un　42 quarante-deux
50 cinquante　51 cinquante et un　52 cinquante-deux
60 soixante　61 soixante et un　62 soixante-deux
70 soixante-dix　71 soixante et onze　72 soixante-douze
80 quatre-vingts　81 quatre-vingt-un　82 quatre-vingt-deux
90 quatre-vingt-dix　91 quatre-vingt-onze　92 quatre-vingt-douze
100 cent　101 cent un　102 cent deux　103 cent trois
200 deux cents　201 deux cent un　202 deux cent deux
300 trois cents　301 trois cent un
1 000 mille　2 000 deux mille　10 000 dix mille
100 000 cent mille
1 000 000 un million

＊1から100までCDについて発音してみましょう。
　また、一人で続けて発音し、タイムを測ってみましょう。

月　日					
1回目					
2回目					

2) 序数詞 Nombres ordinaux 🎧 68

1er (1ère)	premier (première)	14^e	quatorzième
2^e	deuxième (second, seconde)	15^e	quinzième
3^e	troisième	16^e	seizième
4^e	quatrième	17^e	dix-septième
5^e	cinquième	18^e	dix-huitième
6^e	sixième	19^e	dix-neuvième
7^e	septième	20^e	vingtième
8^e	huitième	21^e	vingt et unième
9^e	neuvième	22^e	vingt-deuxième
10^e	dixième	30^e	trentième
11^e	onzième	31^e	trente et unième
12^e	douzième	100^e	centième
13^e	treizième	1.000^e	millième

序数詞を使ういくつかの場合

- **arrondissement** 「区」：パリは20区からなります。

    Mon bureau se trouve dans le huitième arrondissement, tout près de la place de l'Étoile.

    私の事務所は8区のエトワル広場の近くにあります。

- **année scolaire** 「学年」：フランスの小学校の1学年目は onzième で準備科といわれます。2年生 dixième、3年生 neuvième と学年が進むと数が少なくなります。

    Mon fils est en onzième.

    私の息子は小学校の準備科にいます。

    また大学では次のような言い方をします。

    Ma fille est en troisième année de médecine.

    私の娘は医学部の3年生です。

- **siècle** 「世紀」 ： au XVIIe siècle 　　17世紀
- **étage** 「階」 ： J'habite au premier étage.
  私は2階に住んでいます。
- **fois** 「回目」 ： C'est la troisième fois que je vois ce film.
  この映画を見るのは3回目です。

3) 数字を使って

- 電話番号：2桁ずつ区切って読みます。イントネーションに注意して繰り返しましょう。　◎69

  ① 01 43 26 56 02
  ② 02 42 89 42 99
  ③ 03 46 34 13 00
  ④ 04 47 79 11 85
  ⑤ 05 46 78 27 28

- 算数　◎70

足し算 addition	： $3 + 7 = 10$	Trois plus sept égalent dix.
引き算 soustraction	： $20 - 5 = 15$	Vingt moins cinq égalent quinze.
掛け算 multiplication	： $4 \times 3 = 12$	Quatre fois trois font douze.
割り算 division	： $6 \div 2 = 3$	Six divisé par deux égale (donne) trois.

  ＊動詞は font (faire)、または égale, égalent (égaler) が用いられる。

- その他　◎70

%	pour-cent	： 60%	soixante pour-cent
		2,3%	deux virgule trois pour-cent
m²	mètre carré	： 300m²	trois cents mètres carrés

基礎フランス語 «Le Français Fondamental» (1ᵉʳ Degré)

1) 形容詞リスト

A

- [x] adroit　　器用な
- [x] agréable　　快い
- [x] agricole　　農業の
- [x] amusant　　おもしろい
- [x] ancien　　古い
- [x] autre　　別の

B

- [x] bas　　低い
- [x] beau　　美しい
- [x] blanc　　白い
- [x] bleu　　青い
- [x] blond　　金髪の
- [x] bon　　良い、おいしい
- [x] brun　　褐色の

C

- [x] carré　　正方形の
- [x] certain　　確かな、ある
- [x] chaque　　それぞれの
- [x] chaud　　熱い、暑い
- [x] cher　　高い
- [x] pas cher　　高くない、安い
- [x] clair　　明るい
- [x] content　　満足した
- [x] contraire　　反対の
- [x] creux　　くぼんだ
- [x] cru　　生の
- [x] court　　短い
- [x] cultivé　　教養のある
- [x] curieux　　好奇心の強い

D

- [x] dangereux　　危険な
- [x] dernier　　最後の、最近の
- [x] différent　　異なった
- [x] difficile　　難しい
- [x] doux　　甘い、穏やかな
- [x] droit　　右の、まっすぐな
- [x] drôle　　こっけいな
- [x] dur　　堅い、厳しい

E

- [x] électrique　　電気の
- [x] épais　　厚い
- [x] étranger　　外国の
- [x] étroit　　狭い
- [x] extérieur　　外部の

F

- [x] facile　　容易な
- [x] faible　　弱い
- [x] fatigué　　疲れた
- [x] faux　　誤った

☑ foncé	（色が）濃い
☑ fort	強い
☑ fou	気の狂った
☑ frais	涼しい、新鮮な
☑ froid	冷たい、寒い

G

☑ gai	陽気な
☑ gauche	左の
☑ gentil	親切な
☑ grand	大きい
☑ gras	脂っこい
☑ gris	グレーの
☑ gros	太った

H

☑ haut	高い
☑ heureux	幸運な
☑ humide	湿った

I

☑ important	重要な
☑ impossible	不可能な
☑ industriel	産業の
☑ intelligent	利口な、頭がよい
☑ intéressant	面白い
☑ intérieur	内部の

J

☑ jaune	黄色の
☑ jeune	若い
☑ joli	きれいな

☑ juste	正しい

L

☑ laid	醜い
☑ large	幅の広い
☑ léger	軽い
☑ lent	遅い
☑ long	長い
☑ lourd	重い

M

☑ maigre	痩せた
☑ malade	病気の
☑ malheureux	不幸な
☑ mauvais	悪い
☑ méchant	意地悪な
☑ mince	薄い
☑ moderne	現代の
☑ mort	死んだ
☑ muet	無言の、口の利けない
☑ mûr	熟した

N

☑ naturel	自然の
☑ nécessaire	必要な
☑ neuf	新しい
☑ noir	黒い
☑ nord	北の
☑ notre	私達の
☑ nouveau	新しい

O

- ouest 西の

P

- pareil 同じような
- pauvre 貧しい
- petit 小さい
- plat 平たい
- plein 一杯の
- pointu 先のとがった
- poli 礼儀正しい
- possible 可能な
- prêt 用意のできた
- prochain 近い
- profond 深い
- propre 固有の、きれいな

R

- rapide 速い
- rare 稀な
- rond 円い
- rose ばら色の
- rouge 赤い

S

- sale 汚い
- sec 乾いた
- sérieux まじめな
- seul 唯一の
- simple 単純な
- solide 丈夫な
- sombre 暗い
- sud 南の
- sûr 確かな

T

- terrible 恐ろしい
- triste 悲しい

U

- utile 役に立つ

V

- vert 緑の
- vide 空の
- vieux 年老いた
- vrai 真実の

＊「基礎フランス語」*Le Français fondamental* (1^{er}Degré) の語彙の中にあるすべての形容詞をリストアップしました。基本単語として日常よく使われるものばかりですので覚えて下さい。

基礎フランス語 «Le Français Fondamental» (1ᵉʳ Degré)

2) 動詞リスト

A

- [ ] accrocher 掛ける
- [ ] acheter 買う
- [ ] aider 手伝う
- [ ] aimer 愛する、好む
- [ ] ajouter 加える
- [ ] aller 行く
- [ ]   s'en aller 立ち去る
- [ ] allumer 明かりをつける
- [ ] amener 連れてくる（行く）
- [ ] amuser 楽しませる
- [ ] apercevoir 気がつく
- [ ] appeler 呼ぶ
- [ ]   s'appeler 〜という名前である
- [ ] apporter 持ってくる
- [ ] apprendre 学ぶ
- [ ] arranger 整える
- [ ]   s'arranger うまくいく
- [ ] arrêter 止める
- [ ]   s'arrêter 立ち止まる
- [ ] arriver 着く
- [ ] s'asseoir 座る
- [ ] attacher つなぎ留める
- [ ] attendre 待つ
- [ ] attraper つかまえる
- [ ] avancer 進める、進む
- [ ] avoir 持つ

B

- [ ] baigner 入浴させる
- [ ]   se baigner 水浴びする
- [ ] baisser 下げる
- [ ]   se baisser 身をかがめる
- [ ] battre なぐる、打ち負かす
- [ ]   se battre 争う
- [ ] blesser 傷つける
- [ ] boucher ふさぐ
- [ ] bouillir 沸く
- [ ] brûler 焼く
- [ ]   se brûler やけどする

C

- [ ] cacher 隠す
- [ ] casser 割る
- [ ] changer 変える
- [ ] charger 荷を積む
- [ ] chasser 狩る
- [ ] chauffer 温める
- [ ] chercher 探す
- [ ] choisir 選ぶ
- [ ] coller 貼る
- [ ] commander 注文する
- [ ] commencer 始める
- [ ] comprendre 理解する
- [ ] compter 数える

☐	conduire	運転する	☐	se dépêcher	急ぐ
☐	se conduire	行動する	☐	dépenser	費やす
☐	connaître	知る	☐	déranger	邪魔する
☐	construire	建築する	☐	descendre	降りる
☐	continuer	続ける	☐	déshabiller	服を脱がす
☐	coucher	寝かせる	☐	dessiner	描く
☐	se coucher	寝る	☐	devenir	〜になる
☐	coudre	縫う	☐	devoir	〜しなければならない
☐	couler	流れる	☐	dîner	夕食を取る
☐	couper	切る	☐	dire	言う
☐	courir	走る	☐	discuter	議論する
☐	coûter	値段は〜である	☐	donner	与える
☐	couvrir	覆う	☐	dormir	眠る
☐	cracher	吐き出す			
☐	creuser	掘る		**E**	
☐	crier	叫ぶ、わめく	☐	éclairer	照らす、明るくする
☐	croire	信じる	☐	écouter	聴く
☐	cuire	煮る、焼く	☐	écraser	押しつぶす
☐	cultiver	耕す	☐	écrire	書く
			☐	effacer	消す
	D		☐	élever	育てる
☐	débrouiller	解明する	☐	embrasser	キスをする
☐	se débrouiller	うまくやる	☐	emmener	連れて行く
☐	décharger	荷を降ろす	☐	empêcher	妨げる
☐	déchirer	破る	☐	employer	使う
☐	décider	決定する	☐	emporter	持っていく
☐	décorer	飾る	☐	endormir	眠らせる
☐	défendre	守る	☐	s'endormir	眠り込む
☐	déjeuner	昼飯を取る	☐	enlever	取りのける
☐	demander	頼む、尋ねる	☐	entendre	理解する、(〜が) 聞こえる
☐	se demander	自問する			
☐	démolir	取り壊す	☐	enterrer	埋葬する

☑ entourer	取り囲む	
☑ entrer	入る	
☑ envelopper	包む	
☑ envoyer	送る	
☑ espérer	希望する	
☑ essayer	試みる	
☑ essuyer	拭く	
☑ éteindre	消す	
☑ étonner	驚かす	
☑ étudier	学ぶ	
☑ excuser	許す	
☑ s'excuser	謝る	
☑ expliquer	説明する	

F

☑ faire	する
☑ falloir	必要である、すべきである
☑ fermer	閉める
☑ finir	終る
☑ frapper	打つ
☑ frotter	こする
☑ fumer	たばこを吸う

G

☑ gagner	かせぐ、勝つ
☑ garder	保つ
☑ gêner	邪魔する
☑ grandir	大きくなる
☑ grossir	太る
☑ guérir	回復させる

H

☑ habiller	服を着せる
☑ s'habiller	服を着る
☑ habiter	住む

I

☑ installer	据えつける
☑ s'installer	身を落ち着ける
☑ intéresser	興味を引く

J

☑ jeter	投げる
☑ jouer	遊ぶ
☑ juger	判断する

L

☑ labourer	耕す
☑ laisser	〜のままにする
☑ lancer	投げる
☑ laver	洗う
☑ se laver	体を洗う
☑ lire	読む
☑ louer	賃貸す、賃借りする

M

☑ maigrir	やせる
☑ manger	食べる
☑ marcher	歩く
☑ marier	結婚させる
☑ se marier	結婚する
☑ mettre	置く、着る

☐ se mettre à 始める
☐ monter 登る、乗る
☐ montrer 示す
☐ se moquer de ばかにする
☐ mordre かむ
☐ mouiller ぬらす
☐ mourir 死ぬ

N

☐ nager 泳ぐ
☐ neiger 雪が降る
☐ nettoyer きれいにする
☐ nommer 名付ける

O

☐ obliger 義務づける
☐ occuper 占める
☐ s'occuper de ～に取り組む
☐ offrir 与える
☐ oser あえて～する
☐ oublier 忘れる
☐ ouvrir 開く

P

☐ paraître ～のように見える
☐ pardonner 許す
☐ parler 話す
☐ partager 分ける
☐ partir 出発する
☐ passer 通る
☐ payer 支払う
☐ pêcher 釣る
☐ peigner 髪をとかす
☐ peindre 描く
☐ pencher 傾ける
☐ se pencher 身をかがめる
☐ penser 考える
☐ perdre なくす
☐ permettre 許す
☐ peser 重さを計る
☐ photographier 写真をとる
☐ piocher （話）猛勉強する
☐ piquer 刺す
☐ placer 置く
☐ plaindre 哀れむ
☐ se plaindre 不平を言う
☐ plaire (à) （～の）気に入る
☐ planter 植える
☐ pleurer 泣く
☐ pleuvoir 雨が降る
☐ plier 折る
☐ porter 持つ、運ぶ
☐ poser 置く
☐ pousser 押す
☐ pouvoir 出来る
☐ préférer ～の方を好む
☐ prendre 取る
☐ préparer 準備する
☐ présenter 紹介する
☐ presser 急がせる
☐ se presser 急ぐ
☐ prêter 貸す
☐ prévenir 予告する
☐ produire 生産する

☑	promener	散歩させる	☑ répondre	答える
☑	se promener	散歩する	☑ reposer	休ませる
☑	promettre	約束する	☑ reprendre	再び取る
☑	punir	罰する	☑ représenter	代表する
			☑ respirer	呼吸する

Q

☑ quitter	去る	☑ ressembler (à)	（〜に）似ている
		☑ rester	〜に居る
		☑ retourner	戻る、裏返す
		☑ retrouver	再び見い出す

R

☑ raconter	話をする	☑ réussir	成功する
☑ ramasser	寄せ集める	☑ réveiller	目を覚まさせる
☑ ranger	整理する	☑ se réveiller	目覚める
☑ rappeler	思い出させる	☑ revenir	再び来る
☑ raser	ひげをそる	☑ revoir	再び来る、再会する
☑ recevoir	受け取る	☑ rire	笑う
☑ récolter	収穫する	☑ rouler	転がる、（車で）走る
☑ recommencer	再び始める		
☑ reconnaître	それと認める		

S

☑ reculer	後退する	☑ saluer	挨拶する
☑ regarder	見る	☑ sauter	跳ぶ
☑ remarquer	気がつく	☑ sauver	救う
☑ remettre	再び置く、提出する	☑ se sauver	逃げ出す、立ち去る
☑ remonter	再び登る	☑ savoir	知る
☑ remplacer	代わる、代える	☑ sculpter	彫刻する
☑ remplir	満たす、記入する	☑ sécher	乾かす
☑ remuer	動かす	☑ sembler	〜のように見える
☑ rencontrer	出会う	☑ semer	種をまく
☑ rendre	返す	☑ sentir	感じる
☑ rentrer	帰る	☑ serrer	握りしめる
☑ réparer	修理する	☑ servir	仕える、食事を出す
☑ repartir	再び出掛ける	☑ se servir	使う、自分で取る
☑ répéter	繰り返す	☑ signer	署名する

☒	soigner	世話をする	☒	traverser	横切る
☒	se soigner	健康に気をつける	☒	tromper	だます
☒	sonner	鳴る	☒	se tromper	間違う
☒	sortir	外出する、外に出す	☒	trouver	見つける、〜であると思う
			☒	tuer	殺す

T

V

☒	se taire	黙る			
☒	télégraphier	電報を打つ			
☒	téléphoner	電話をする	☒	vacciner	予防接種をする
☒	tenir	つかむ	☒	valoir	〜の価値がある
☒	tirer	引く	☒	vendre	売る
☒	tomber	落ちる	☒	venir	くる
☒	toucher	触る	☒	vivre	生きる、生活する
☒	tourner	回す、曲がる	☒	voir	見る
☒	tousser	咳をする	☒	voler	飛ぶ、盗む
☒	travailler	仕事をする、勉強する	☒	vouloir	望む

仏検対策
聴く力　演習
— 3 級 —
（CD付）

定価（本体1,500円＋税）

2011年9月15日　初版発行
2017年3月1日　2刷発行

著　者　阿　南　婦美代
発行者　井　田　洋　二
製　作　㈱フォレスト

発行所　　（株）駿河台出版社
〒101-0062 東京都千代田区神田駿河台3の7
電話 03-3291-1676

編　集　（有）エディシヨン・フランセーズ

落丁・乱丁・不良本はお取り替えします。
当社に直接お申し出ください
　（許可なしにアイディアを使用し，また
　は転載，複製することを禁じます）
Printed in Japan

JCOPY ＜(社)出版者著作権管理機構 委託出版物＞

本書の無断複写は，著作権法上での例外を除き，禁じられています．複写される場合は，
そのつど事前に，(社)出版者著作権管理機構（電話 03-3513-6969，FAX 03-3513-6979，
e-mail: info@jcopy.or.jp）の許諾を得てください．